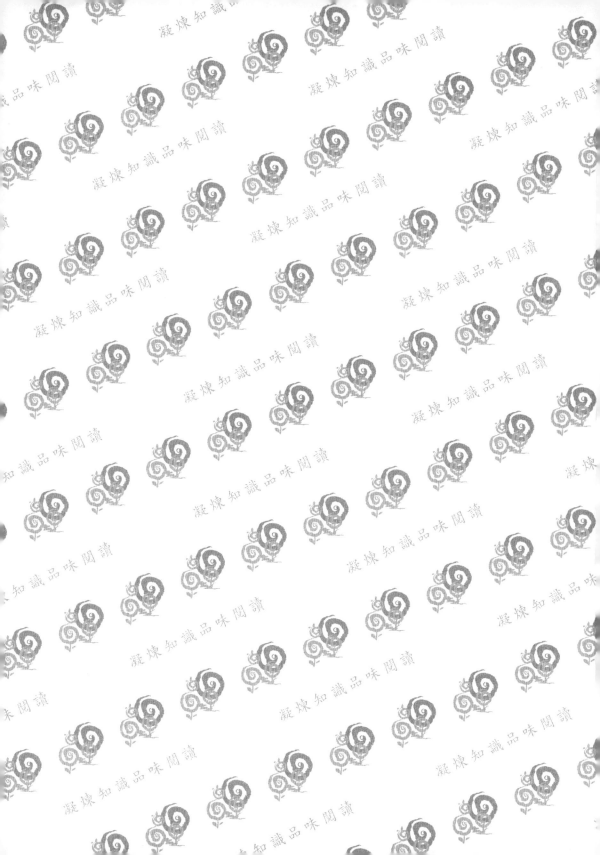

沈中華、王儷容、沈大白、劉湘國

柯瓊鳳、蕭惠元、李儀坤、蘇哲緯 著

數位貨幣

從傳統到創新，從國際到台灣

Digital Currency

五南圖書出版公司 印行

序

本書由中華科技金融學會前副理事長沈中華教授啟動，學會的多位重要成員聯合執筆，花費共約三年時間才告完成。主要針對：自傳統到現代、自國際到國內，整個貨幣的演變與未來做出深入分析；內容涵蓋商品貨幣、塑膠貨幣、電子貨幣、社區貨幣、虛擬貨幣、央行數位貨幣、乃至於無現金社會之探討，應該是相當與時俱進的一本貨幣專書。

學會的王監事儷容教授請我代表全體作者為此書寫序。當我翻看內容與作者群簡介時，心中的感動讓我久久無法動筆。想到當初，湘國秘書長介紹我與中華及大白學術秘書長兩位教授認識時，他們幾位在金融業界與學界都已經非常知名，但仍然親力親為一同擘劃台灣的科技金融發展方向；後來，決定將社區貨幣結合區塊鏈技術作為學會提出的第一個方案，此即為 2019 年 1 月於高雄六合夜市、南華商圈與光華夜市發行的高雄幣。

中華科技金融學會在 2017 年 11 月 9 日成立，希望能夠借鏡以往我與生策會夥伴整合生物科技業界與學界的成功經驗，讓科技與金融有效融合並落地實踐。學會以「科技創新」為核心思想，致力於推廣具有一定技術高度、惟在全球仍未能完全形成商業運作模式的金融科技與知識，並透過勇於嘗試創新與結合不同元素，進行研究與開發，期望運用全新領域的科技，解決傳統社會結構的問題，增進人民福祉。

事實上，全人類正面對著各國都無法避免的智慧時代應用場域的來臨。在這場全球最新時代科技尚未誕生新的成熟商業運作模式的競逐中，讓人民生活便利有感的科技創新將獲得更多的認同。因此，未來更多科技創新的孵育構想與環境，將會是和解決地方人民或社會結構主要問題有關的創生環境，這意謂著需要有更多的生活感悟、更扎實的學理基礎、更敏感的社會脈動以及更多元的創新思考，以作為未來成為台灣新經濟倚靠的堅強支柱！

一般人也許不曉得，其實「金融科技」與「科技金融」有著本質上的差異。「金融科技」談的是比較屬於「在金融體制內的科技創新與應用」，這比較偏向於「技術手段面向的創新」，不造成該產業的大幅度改變，比較像

是經營面的優化，以帶來服務上或印象上的提升與加分。另一方面，「科技金融」則是偏向於「破壞式與顛覆式的科技創新」，對於產業將產生較為重大之影響。在可見未來的 10 年內，「區塊鏈科技為數據信任基礎下，以數據驅動為演算法技術核心元素的人工智慧產業」，正在形成一個在全世界所有網路覆蓋的區域下都無法避免的風暴圈。因此，我們學會正力推「區塊鏈跨鏈應用平台」，希望能先讓人民對於科技創新有感、改變現有社會結構對於相對弱勢群體的包覆性、提升民生與地方經濟的活絡性，並能有效降低科技新創團隊的創業成本。

　　為了回應社區貨幣—高雄幣成功發行的熱潮，學會推動第二代的社區貨幣—嘉義幣，當時中華兄特別跟我說，這是「社群貨幣」。2019 年 6 月，學會舉辦「區塊鏈應用論壇」，當天冠蓋雲集，中華兄熱情洋溢的演講像說故事一般地將理論與實務整合，還留下了像是「科技不能違反人性」、「溫暖社會」的經典，這也是他最後一次的公開活動。2020 年他走了！學會夥伴心中有著萬般的不捨。希望本書發行能傳播他的理念與心意，讓更多有志者傳繼下去、共同奮鬥！

中華科技金融學會理事長

王金平

作者團隊

　　特此感謝五南張副總編與其團隊，以及永康老師的一切付出與辛勞，還有所有帶領我們進步的前輩與先進，我們會繼續前行。

沈中華　王儷容　沈大白　劉湘國

柯瓊鳳　蕭惠元　李儀坤　薛祐峰

目錄

序   003

第一章 貨幣的演化 ——————————— **007**

第一節 貨幣的定義   008

第二節 貨幣的型態   011

第三節 由傳統貨幣到數位貨幣的演變歷程   016

第四節 貨幣的傳統定義：內涵的四大功能   020

第二章 貨幣載體的現代化與改變 ——————— **023**

第一節 貨幣的現代定義：載體的四大功能   024

第二節 一卡：塑膠貨幣   031

第三節 一付：行動支付在台灣   033

第三章 社區貨幣的國際演化 ——————————— **051**

第一節 社區貨幣的演化與內涵   052

第二節 社區貨幣的貨幣學理   065

第三節 社區貨幣在瑞士和日本   072

第四章 社區貨幣在台灣的發展 ——————— **091**

第一節 社區貨幣崛起的關鍵背景   092

第二節 高雄幣   099

第三節 嘉義幣   111

第四節　社區貨幣如何帶動地方經濟與地方創生　　　　115

第五章　**數位貨幣、金融科技與數位經濟**───────**129**

第一節　數位貨幣的起源與定義　　　　130
第二節　金融科技──區塊鏈：科技賦能下的新型態貨幣　　　　145
第三節　金融科技──大數據：高雄幣用戶消費行為資料分析　　　　161
第四節　金融科技與數位經濟　　　　176

第六章　**邁向無現金的社會──自央行數位貨幣談起**─**189**

第一節　各國央行數位貨幣巡禮　　　　190
第二節　國際比較──中國、瑞典、臉書的天秤幣　　　　198
第三節　邁向無現金社會之省思　　　　216

第七章　**數位貨幣相關法令規範與會計財稅**───────**219**

第一節　數位貨幣相關法令　　　　220
第二節　社區貨幣的稅務與會計　　　　229

專有名詞　　　　241

第一章
貨幣的演化

History doesn't repeat itself, but it does rhyme.
歷史不會重演，但總會驚人地相似。

～～Mark Twain 馬克‧吐溫

第一節　貨幣的定義

　　什麼是貨幣？一般來說有下列四種定義，分別稱之為功能性貨幣、習慣性貨幣、法定貨幣，及實證上貨幣。以下分別介紹這四種貨幣定義[1]。

資料來源：作者整理

圖 1-1　貨幣的四種定義

一、功能性貨幣

　　如果以功能性來定義貨幣，又可稱之為先驗法（a Prior Approach），之所以稱為先驗法的理由，在於這些功能不需要制度或法律規定，人們早已能體會。一般而言，貨幣具有下列四大功能，而反過來說，只要具有這四種功

1　以下改寫自沈中華（2011），《貨幣銀行學：全球的觀點》，新陸書局，第四版，2011 年 9 月。

能的商品，即可稱之為貨幣，因為強調的是其功能，又稱為功能性貨幣。這四種功能是：交易的媒介、計價的標準、延期支付的標準、價值的儲存。這四種功能常常被人們提及，而成為貨幣的傳統定義，我們將於本章第四節詳加解釋。

二、習慣性貨幣

如果有一個物品，買賣雙方都能接受它當作支付工具，或債務的清償，則此物品可以說就是貨幣。但民眾接受它為清償債務的工具，並不是因為法律如此規定，而只是一個習慣性的行為：因為大家現在都接受它，且未來仍接受它，所以我也接受它，將來我用它作為清償工具，別人也會接受它。這種彼此對這物品接受的信念，即是此物品能充當交易媒介的原因，所以習慣上所稱的貨幣即是指能充當交易媒介的物品。當然這物品必須具有某種程度的稀少性，使它的價值相對穩定，否則物品的數量太多將造成其本身價值的下跌。

三、法定貨幣

在法律上，各政府通常會宣布只有政府印製的紙幣與鑄幣才是貨幣。這種貨幣定義就叫法定貨幣（Legal Tender）。雖然這種法定貨幣只是一張紙，其紙的本身價值也許只有 5 元，但上面卻印著 1,000 元，可以購買 1,000 元的物品。因此它與商品貨幣最大差距，即在於它的「購買力」（此例為 1,000 元）大於它自身的「商品價值」（在此例只有 5 元）。在這不對等狀況下，人們之所以仍願接受它，是因為政府用國家的公信力保證它的清償能力。當債務人使用法定貨幣清償時，任何債主皆不可拒絕，否則即是違法。

法定貨幣又可分為無限法償（Unlimited Legal Tender）及有限法償（Limited Legal Tender）二種，無限法償指的是債務人可以用法定貨幣清償全部債務，沒有金額或次數的上限，而有限法償則對償還金額有限制。例

如：在日本，硬幣的流通每次每種有其上限[2]。在英國，則是有使用金額的限制。

所以習慣上能接受的貨幣、法律上的貨幣與中央銀行心目中的貨幣（目前為 M2），可能並不相同。在 1992 年剛建立民主的俄國，習慣上也能接受的貨幣可能包括香菸，但法律上的貨幣卻是紙幣，而俄羅斯銀行心目中的貨幣卻可能為 M2。

四、實證的貨幣

(一) 替代彈性分析法

以上在討論貨幣的功能，許多學者認為「價值的儲存」這項功能，並非貨幣所專有，因為，在前面也提到其他資產，如黃金、股票、房地產也均具備此功能。此外，貨幣雖仍有其他三種功能，但學者認為貨幣最大的特徵在於它有流動性（liquidity），也可以稱為貨幣性（moneyness）。所謂流動性指的是某一資產轉變成現金的相對速度及所付出代價的大小，所謂付出代價是廣義的，它包括感覺上的不方便、時間的損失、手續費用等。如果貨幣最大的特徵在流動性，由於許多資產（如債券、股票等）都具有或多或少的流動性，則是否應將這些資產包括到貨幣中？如果應被包括在內，則應被包括在內之物品的貨幣性應高[3]到何種程度才停止？要回答這些問題，我們必須先了解「代替性」的觀念與計算。

若某項資產可以取代現金或支票存款等流動性幾乎為百分之百的資產，則它的替代性高，替代性高的資產則可以被稱為貨幣。例如：當郵簿儲金利率上升 1 單位，我們會減少擁有現金，而多擁有郵簿儲金，但我們會轉換多少現金到郵簿儲金呢？這就由郵簿儲金與現金的替代性決定。當替代性高，則轉到郵簿儲金多；反之，當替代性低，則轉到郵簿儲金少。故當郵簿儲金

2　日本銀行券（いわゆる紙幣、お札）は、「日本銀行法」第 46 条第 2 項で「無制限に通用する」と規定されています。以硬幣進行小額交易，因存儲和計算會花時間和精力，在社交慣例不方便，所以有上限。但是，如果獲得了交易方的同意，則不受限。

3　也就是「流動性到什麼程度可被視為貨幣」。

能很快轉回成現金，且轉換時損失很少，不會造成現金大量減少，我們知道其替代性高。

所以，當我們想了解郵簿儲金與現金的替代性高低時，只需觀察當郵簿儲金利率上升時，現金減少的程度。在同樣的狀況下，另一資產，例如「定存」利率上升 1 單位，由於定存如果在未到期就轉換成現金時，牽涉到合約的解除，存款者會有利息的損失，其成本較高，因此當定存利率上升時，如果將現金都轉成定存，則一旦交易需要，我們想要將定存轉成現金時，會造成較大的損失，因此相對上而言，定存利率的上升較不會使人們減少太多現金，故替代性低。所以由現金減少的程度，可知郵簿儲金與現金的替代性高，故貨幣性高；定存與現金的替代性低，故貨幣性低。

(二) 所得相關係數法

另一方面，弗利得曼及舒茲認為既然貨幣的主要功能是交換媒介，經濟活動的運轉都靠它，則貨幣應與總交易量或所得水準有密切關係，因此判斷何種資產最適合當貨幣的一個方法，即是比較該項資產是否與實質國內生產毛額（Gross Domestic Product, GDP）有密切關係。例如：在實際上判斷時，是先定義出一個狹義的貨幣（Narrow Money），它通常包含紙幣、硬幣、支票存款、活期存款、活期儲蓄存款，再用此狹義的貨幣與實質 GDP 的相關係數當作比較基礎（benchmark），當我們將某項資產，例如一個月定存，加入到此狹義的貨幣，如果這新組合的資產能使貨幣實質 GDP 的「相關係數」提高，則這個資產可視為貨幣。

第二節　貨幣的型態

隨著時代的變遷，貨幣作為交易的媒介，從早期品質不一致且難攜帶的「商品貨幣」，轉變為成分標準的金屬貨幣，但因過於沉重，加上相關金屬原料的產地受到少數國家所控制，原料與鑄造成本較不固定，以及人類金融市場的發展制度化，因此以國家作為貨幣發行的概念才正式成形，也因此，

法定貨幣成為 20 世紀人類貨幣的主要型態。

後來，隨著 20 世紀人類在科技發展、擴張消費與跨境旅遊的帶動下，以信用卡簽帳為主的塑膠貨幣大量使用於生活消費支付；到了近期電腦、手機等裝置的興起，以電子形式進行價值儲存的貨幣快速興起，其以攜帶性、便利性與穩定性著稱。因為裝置往往需具名，因而在交易支付過程中是較可追蹤的。

以下逐一介紹各種貨幣類型[4]。

一、商品貨幣

貨幣的演化中，第一個出現的是「商品貨幣」（Commodity Money）。在早期，人們透過貝殼、獸皮骨及玉等物品作為交易過程的計價，這些商品便成為當時部落社會交易的媒介。歷史上，被充當成習慣性「貨幣」的商品，五花十色，而基本上這些商品反映當地生活所珍惜的物品及生活空間。例如：斐濟群島的居民用鯨魚的牙齒，早期的法國人民用獸皮，美國早期移民時期用菸草及威士忌、以及許多貴金屬與貝殼。最特別的是西太平洋密克羅尼西亞（Micronesia Islands）中的椰島（Yap Island）的居民，雖歷經西班牙、德國人及日本人的統治，其主要貨幣「費（fei）」則是由中間有洞的大石頭構成，其石頭中有洞是為了易於使用竹竿攜帶，卡通影片摩登原始人（The Flintstones）的貨幣即是由此構想出來。

二、金屬貨幣

隨著人們商業活動來往頻繁，僅透過非標準化的貝殼、石頭與獸皮等商品貨幣出現了下列兩個問題，導致交易不順，使得經濟發展不能平穩開展：

(一) 這些商品貨幣沒有標準化，品質不能保證；

(二) 這些商品的供應波動性大，常會缺貨。

可當作商品貨幣的物品中常有不能切割（如貝殼、牛羊）、容易腐壞

4　以下引用自沈中華、王儷容、蘇哲緯（2020b），〈臺灣行動支付發展樣貌與其對金融財稅之影響〉，《臺灣銀行季刊》，第 71 卷第 3 期，2020 年 9 月。

（如茶葉、皮草）與不方便攜帶（如礦石）等問題；而冶煉技術的提升，並且隨著航海時代到來，其中，以葡萄牙、西班牙等國為首開始在海外的殖民地，開採挖掘到金銀銅礦，其品質固定，可標準化生產，且在當時的商業社會而言供應穩定，因此商品貨幣逐漸被金屬貨幣（Metallic Currency）所取代。使用金屬貨幣的好處是它的製造需要人工，無法從自然界大量獲取，同時還易儲存。數量稀少的金、銀和冶煉困難的銅逐漸成為主要的貨幣金屬。

三、法定貨幣

　　然而，以提供扶植航海商船隊所延伸的金融市場（例如：股市、保險與債市）發展也日漸受各國所重視，跨國間的資本流動趨頻繁，人們開始意識到金屬貨幣的沉重造成運送不便，且金融市場日漸信用投機擴張，金銀等金屬資源的供給已無法滿足交易與貿易的需求，因此紙質的法定貨幣也逐漸成為主流並由國家主權（國家主義興起）賦予每張印刷鈔票的信用及價值。在法律上，各政府通常會宣布只有政府印製的紙幣與鑄幣才是貨幣。這種貨幣定義就叫法定貨幣（Legal Tender）。如：美元、歐元與新台幣。

　　法定貨幣能被人民接受，是因為政府的強制規定，但同時也是一般大眾對發鈔機構的信心，也就是相信中央銀行會審慎控制貨幣的發行，以維護該國貨幣的價值。

四、塑膠貨幣

　　塑膠貨幣（Plastic Money）指的就是透過實體卡片，代替持有現金，是第一波去現金化的交易媒介，我們認為一般塑膠貨幣具有：(1) 支付、(2) 提款、(3) 轉帳和 (4) 儲值四大功能。廣泛的塑膠貨幣包含以下[5]：信用卡、簽帳金融卡、一般金融卡、現金卡及儲值卡。此部分細節將於第二章第一節中介紹。

5　沈中華（2019），《貨幣銀行學：全球的觀點》，新陸書局，第六版，2019 年 9 月，頁 59、60。

五、電子形式貨幣

中央銀行（2019）[6] 認為電子形式貨幣有以下三大類：中央銀行貨幣（Central Bank Money）、商業銀行貨幣（Commercial Bank Money）與電子貨幣（Electronic Money, E-Money）。隨著行動經濟與行動支付快速發展，沈中華與蘇哲緯（2019）[7] 首創提出：紅利點數貨幣數位化也是一種電子形式貨幣。作者認為，行動支付平台所延伸出來的紅利點數貨幣數位化，除了可以折抵支付金額，也形成另類紅利點數貨幣利息化的發展趨勢。

(一) 中央銀行貨幣

中央銀行的別稱為「銀行的銀行」，銀行需依法從其負債項目中提存一定比率的準備金至中央銀行帳上，以因應支付需求的制度。但是考量準備金動輒百億甚至千億的規模，透過運送實體形式的貨幣成本（運鈔、保全與存放等）不符經濟規模，故中央銀行以電子形式記錄收存一般商業銀行的準備金。

(二) 商業銀行貨幣

多指一般民眾存放於銀行帳戶的存款，如轉帳或是入帳等，皆是商業銀行貨幣的一種，亦或是民眾從其電子支付帳戶上提領至其所綁定的商業銀行帳戶上，這樣的過程都是電子形式的貨幣，只是它是從「電子貨幣」轉變為「商業銀行貨幣」。倘若是民眾透過銀行臨櫃或是 ATM（Automated Teller Machine，自動提款機）進行存款動作，則貨幣的形式也會受到轉化，意即實體形式的貨幣（鈔券與鑄幣）轉化為電子形式貨幣（商業銀行貨幣），因為它是透過電腦等電子形式記載到你的銀行帳戶上。

(三) 電子貨幣

電子貨幣（E-Money）是無實體，也是繼塑膠貨幣之後，第二波去現金

6　見中央銀行（2019），〈FinTechs 與 BigTechs 在支付領域之發展及影響〉，央行理監事會後記者會參考資料，2019 年 9 月 19 日。

7　沈中華與蘇哲緯（2019），〈紅利點數貨幣利息化之發展〉，手寫稿。

表 1-1　電子形式的四種貨幣

	中央銀行貨幣	商業銀行貨幣	電子貨幣	紅利點數貨幣數位化
介紹	主要為商業銀行為符合央行之經營標準，而透過準備金形式提存	商業銀行非以現金形式收受大眾存款：如轉帳匯款	以電子形式儲值法定貨幣	平台業者為鼓勵用戶再次使用而發行紅利回饋
主管機關	中央銀行	中央銀行金管會	金管會經濟部	經濟部
法規	中央銀行法	銀行法	1. 電子票證條例 2. 電子支付條例 3. 禮券定型化契約應記載及不得記載事項	無
作為清算資產	✓	✓	—	—
具備法償貨幣性質	✓	✓	✓	可全額或是部分折抵消費金額
例子	中央銀行準備金	商業銀行內的民眾存款	悠遊卡儲值餘額、街口支付的儲值帳戶	LINE Points 東森幣 高雄幣

資料來源：沈中華、王儷容、蘇哲緯（2020b），〈臺灣行動支付發展樣貌與其對金融財稅之影響〉，《臺灣銀行季刊》，第 71 卷第 3 期，2020 年 9 月。

化的交易媒介，以電子形式透過有形或無形的載體儲存法定貨幣價值的預付工具。所以它的內涵價值仍然是政府允許且具有無限法償的貨幣，但它的載體再次改變了，從最早的一張印刷精美的紙，到塑膠貨幣，再到現在以電子

形式承載。如：悠遊卡的儲值餘額、LINE Pay Money[8] 的儲值金，以及全聯 PX Pay 的儲值金，皆可以電子貨幣稱之。

(四) 紅利點數貨幣數位化

「紅利點數貨幣數位化」是商戶或行動支付業者為培養用戶對於平台的忠誠度，而給予延伸的紅利回饋，鼓勵用戶持續性使用自家平台進行支付而發行的紅利點數，是一種行銷手段。

取得來源主要是用戶透過 App 消費支付後，即可累積紅利點數貨幣。其本身的發行基礎與法定貨幣並無直接關聯，但當用戶透過紅利點數貨幣進行支付折抵後，支付平台可能需要向商戶進行支付法定貨幣，這樣的過程對於支付業者而言，則屬於行銷費用。

之所以會用紅利點數貨幣稱之，關鍵在於近年紅利點數的演進，已讓其用戶點數能於商戶全額或是部分折抵消費金額，達成支付功能，甚至有些行動支付平台還提供用戶透過點數幣折抵部分水電費與政府規費等。

第三節　由傳統貨幣到數位貨幣的演變歷程

試想若有一張紙上面寫著可以向商家領取一杯咖啡，這張紙就具有「價值」，但這張紙是不是錢呢？由於現在的貨幣名稱越來越多，我們開始對什麼是「真實（有實體的）」貨幣、「虛擬（無實體的）」貨幣，產生混淆的認知。「貨幣」是什麼？當我們提到「貨幣」時，我們到底指的是什麼？是紙鈔？是硬幣？還是像在虛擬世界的遊戲幣、比特幣？

以下介紹歷史上貨幣的重要演變歷程。

一、紙幣和金屬貨幣的終結

誠如以上章節所提，金屬貨幣與紙質貨幣一直扮演著主要角色，它們在

8　為方便用戶辨別業務，「LINE Pay 一卡通」已於 2019 年 12 月 3 日正式改名為「LINE Pay Money」。

市場流通超過 3,000 年。但在過去的 30 年裡，人們逐步在減少對紙鈔和金屬貨幣的依賴。

　　儘管有許多理論描述紙質貨幣的起源，但最有可能的是起源於一方對另一方的承兌票據。這種票據原先包含特定的付款人和收款人。當發行貨幣的一方在社會中被公認為值得信賴，那麼這種手寫票據便可以在其他各方之間（不包括原本的發行方）流通。自然而然，這種票據就會演變成「用來償付債務的貨幣」，可以在付款人和收款人之間流通，而發行票據則成為政府的一種責任和壟斷權力。此種票據不是因為付款人的簽名、蓋章和印章而可信，而是因為政府的批准蓋章。因此，要衡量超出內在價值部分的固有價值，必須滿足兩個條件——限制供應和防止偽造，這個責任最終是由政府承擔。

　　20 世紀 40 年代，隨著信用卡的日益盛行（主要發生在美國），用紙質貨幣和支票的交易開始加速減少。原本信用卡是由商品和服務的供應商自己發行，作為一種有特定目的工具，專用於與汽油、飛機旅行、特定百貨商店等相關的交易結算。它的誕生史與最近出現的第三方支付系統十分相似，該支付系統由線上零售商、拍賣商或者遊戲和娛樂供應商開發並推廣，用於涉及其商品和服務的交易結算。

　　在貨幣走向「虛擬化」的演變過程中，我們見證了信用卡、金融卡等交易工具的興起，隨著交易範圍日益擴大，這些交易工具減少了紙質貨幣和金屬貨幣的使用。隨後以網路為基礎的貨幣則不斷發展，貨幣也在持續地演變，正如我們所見證的金融服務創新。儘管金融創新正以前所未有的速度發展，但對發行機構的依賴，以及與技術發展緊密共生的關係，仍然是其發展進程的兩個重要基礎。

二、貨幣虛擬化過程

　　「貨幣虛擬化」在20世紀末開始出現，隨著遊戲產業興趣及資訊科技的進步，人們想當然地以為是近期發生的現象，但其實早在貨幣脫離其內在價值之時就已經開始了。全球大部分有形貨幣的基礎是紙（或用於該用途的塑

料），其內在價值遠低於過去所使用的商品貨幣或金屬貨幣。

　　一旦貨幣脫離了內在價值，技術將前所未有地不斷改變有形貨幣的基礎元素。只有不易被複製，且難以追蹤到授權發行者，才可以保障對貨幣工具的信任。因此，貨幣的製作工藝日益完善，包括金屬沖壓、銑削硬幣邊緣、獨特的合金和紙配方、高級凹版印刷，發明光學墨水，研發在紙幣內層包含金屬、塑料和隱形圖片的方法。

　　在通往貨幣虛擬化的道路上，所有這些技術透過簡化驗證（進而為貨幣供應提供保障）而使有形貨幣得到更大發展。我們在今天思考金融創新時也要考慮技術在貨幣演變中的助推作用。技術的進步不但提高了便利性，也擴大了材料的內在價值和其市場接受價值之間的差距。

　　本質上來說，貨幣其實是一種支付系統，目的是為了讓人們快速而便利地進行交易，可以適用在各種不同事物上。如果貨幣只是一種支付系統，那麼能越快速滿足人類便利交易的貨幣形式，往往都能取代功能較差的支付系統。近代貨幣的演變也說明了這樣的現象，從硬幣取代以物易物，到紙幣取代硬幣，塑膠貨幣、電子貨幣逐步取代現金。

　　在支付系統中，貨幣的基礎完全來自於信心，而這樣的模式跟「虛擬貨幣」（Virtual Currency）的特質是一樣的。在市場上流通的貨幣都是國家的法定貨幣，而它之所以有價值，是因為有國家的保證。所以，支撐貨幣的流通是來自於民眾對國家的信心，以及國家本身的信用。因此，有人認為我們所認定的法定貨幣和虛擬貨幣其實也是一樣的虛擬。

三、數位貨幣的崛起[9]

　　隨著人們的支付方式日新月異，無論是比特幣（Bitcoin, BTC），亦或是亞馬遜在 2013 年發表的亞馬遜幣（Amazon Coins），或者星巴克星星（Starbucks Stars），這些虛擬貨幣早就一步步在進入實體經濟，很多時候，我們沒有花費到實際的金錢便可獲取某些商品。舉例來說，我們常用的紅利點數，買一杯咖啡就可以在一張卡上面蓋一個章，蓋滿之後可以憑卡免

9　引用自 http://blog.smanong.com/2017/11/02/電子貨幣起源/。

費兌換一杯咖啡，這就是一種虛擬貨幣交易到實體物品的最佳例子（只要有媒介、有價值，便是貨幣）。當我們停留在虛擬世界的時間越來越長，虛擬貨幣也越來越重要。

未來在我們的錢包裡（不管是實體錢包或虛擬（電子）錢包），可能不會只有一種貨幣形式，可能有新台幣、美元、便利超商點數、咖啡卡點數、信用卡紅利點數、航空公司哩程數、比特幣、LINE Points、遊戲點數或線上金幣等，這麼多種不同形式的貨幣，透過「數位價值移轉系統」能順暢地移轉使用者與貨幣的購買力，成為買東西、買勞務、支付生活所需、買房子等等的支付形式。

除了極少數例外情況，貨幣發行是主權機關的壟斷權力。鑄幣本身可委託給一家或多家銀行或其他代理，但主權機關保留委託、收回和規範貨幣鑄造的壟斷權。這對於制定和實施貨幣政策至關重要，為調節國家經濟提供了關鍵槓桿。

比特幣誕生的核心思想，是「去中心化」的金融結構。這個遊戲的參與者，都擁有一本相同的「帳簿」。由於所有人都持有一致的帳本，即使某人的交易記錄遭到竄改，也可以輕而易舉證明這筆帳是被偽造過的。除非偽造者同時修改 51% 以上的帳本，否則不可能竄改成功。我們理解到，當這個世界的參與者越多，想要竄改帳簿的可能性就低，交易的可信度就越高。

但，比特幣的發行總量設定了上限（意思是它不超發），卻也產生了一個應用層面的問題。例如：某人（A）把錢包遺失。虛擬貨幣的錢包一旦遺失，形同丟進大海，再被撿到的機率趨近於零。所有帳本只記載著「A 錢包剩餘 100 幣」，卻不清楚「A 錢包屬於誰」。我們仍舊認為 A 仍良好使用、正常地運作著錢包，卻不清楚 A 已經遺失了錢包。從此，世界上能夠流動的貨幣，便永遠少去了 100 塊錢。我們可以從上面的例子，明顯體會到比特幣是屬於一種持續「通貨緊縮」（Deflation）的物品。現實世界中，並不會遇到貨幣短缺的狀況，即使我立刻將許多銅板扔進太平洋。每年，政府央行會重新鑄造、印製一些新的錢幣，提供自己和大眾使用。這些被生產的國幣數量（膨脹率），遠大於被我消滅的數量（縮水率）。沒人會察覺我做出把

錢扔海裡這樣可笑的舉動，對於貨幣供應量會造成的影響故可忽略不計。

　　儘管虛擬貨幣的「發行、交易」機制再如何安全，關於「保管」這件事，使用者仍然必須自行處理。全球流通且看似可行的虛擬貨幣的出現，引起了世界主要貨幣監管機構的關注，這不足為奇。貨幣份額的範圍和重要性不是問題。目前，比特幣在全球貨幣交易量總額中的占比很小，跟美元等主流貨幣不是一個數量級。缺乏監管且走勢缺乏透明度才是監管機構的擔憂所在。

　　關於數位貨幣（Digital Currency）的介紹，將在第五章第一節有比較詳細的說明。

第四節　貨幣的傳統定義：內涵的四大功能 $

　　延續本章第一節，貨幣有以下所述之四種內涵功能，其中，前二者（「交易的媒介」及「計價的標準」）可說是貨幣的基本功能，後二者（「延期支付的標準」及「價值的儲存」）的成立是立基於前二者，故後二者可稱之為貨幣的衍生性功能。

一、交易的媒介

　　貨幣最重要的一項功能，即是充當物與物之間的交易的媒介（medium of exchange）。在貨幣尚未誕生的原始時代，由於個人不可能生產所有物品，因此當需要別人的產品時，只好靠以物易物（barter system）的方式進行交易，然而「以物易物」首先面臨的問題，即是雙方「慾望一致性」（double coincidence of wants），也就是我生產出來的物品，對方需要嗎？反之，對方生產出來的物品，我需要嗎？只有在互為需要時，交易才有可能進行。當這第一個條件滿足之後，則下一個問題是：雙方提出的交換比例彼此能接受嗎？

二、計價的標準

　　在物物交換制度下，除了要滿足雙方慾望的一致性，另一個必須考慮的即是彼此是否滿意交換比例。例如：我是農夫，家中有 1 頭牛，我希望 1 頭牛能換鄰居的 10 隻雞，但我的鄰居也許並不同意這個交換比例，他認為 1 頭牛只能換 9 隻雞才合理，經過協商後，最後也許彼此各退一步路，例如：第一次交換我讓步，只換 9 隻雞，而下一次交換，他讓步，則我可換到 10 隻雞，由於沒有計價的單位（unit of account），因此交易的比例並不固定，同時也增加彼此的交易成本。

　　沒有計價的標準引起的另一個問題是，物品無法分割，如果上述雞能被分割，則也許彼此一次就能解決難題，例如：以 1 頭牛換 9.5 隻雞，因此物物交換產生的問題為：

(一) 誰有我需要的商品？他願不願意交換？

(二) 交換比例，雙方能接受嗎？

　　即使在物物交換體制下交換比例的問題能夠被解決，一個接著來的困難即在於有太多的交換比例，也就是沒有一致的價值的標準（standard of value）。當只有 2 種財貨，則只有 1 個交換比例，當有 3 個商品，則有 3 種交換比例，以蘋果、橘子及香蕉為例，其間的 3 種交換比例即為：（蘋果、橘子）、（橘子、香蕉）及（香蕉、蘋果）。當有 4 個商品時，則有 6 個交換比例，而當有 N 種商品時，其交換比例的數目為：

$$比例數目 = \frac{N(N-1)}{2}$$

　　例如：如果有 10 種商品，則交換比例個數為 45 個，當有 100 種商品，則交換比例個數為 4,950 個，可見交換比例的個數是按幾何倍數增加，造成消費者對產品的交換比例產生嚴重的訊息成本，反之，如果使用代幣，則 N 種商品（含貨幣）只有 N-1 種價格。

三、延期支付的標準

現代信用經濟的發達，是以債務發展為基礎，人們時常因收支的時點不同，而必須靠舉債來因應。舉債時，若無共同計算工具，則雖然彼此信守諾言，但仍可能會產生交易上的困難。例如：張三向李四借豬肉一斤，言明來春再還，到了明年春天，張三依諾言償還豬肉一斤，但此豬肉的品質卻可能與借時不同。因此沒有貨幣，將造成債務上的同值判定困難，而貨幣則扮演著延期支付的標準（standard of deferred payment）。

四、價值的儲存

在物物交換的社會，由於慾望的一致性難以符合及兌換比例的複雜，個別物品只能兌換某些物品，但卻不易兌換所有物品，因此個別物品仍有部分價值儲存（store of value）的能力，卻沒有全面價值儲存的能力。

但貨幣的延期支付功能使每一個人的收入與支出的時點不需相同，因而部分個人所得就不需在當期消費掉，而可以保留到未來使用，由於貨幣扮演著計價的標準，因此它與物物交換體系不同的是，它具有全面價值儲存的能力。

習慣上，我們認定能被接受為交易媒介的商品才為貨幣，但諾貝爾經濟學獎得主弗利得曼（Milton Friedman）和他的同事舒茲（Anna Schwartz）則強調貨幣扮演「購買力的暫時儲存」（temporal abode of purchasing power）的角色，因此弗利得曼強調廣義的貨幣（Broad Money）。也因為弗利得曼的提倡，所以銀行帳戶中扮演儲蓄媒介的資產，如定存，也可以被視為貨幣。

可以作為價值儲存的不只貨幣，其他如債券、股票、房地產、黃金等亦可，但由於貨幣仍有前三種功能，使它的地位特別重要。

第二章
貨幣載體的
現代化與改變

It is not the strongest of the species that survives,
or the most intelligent, but the one most responsive
to change.

那些能夠生存下來的物種（species），並不是最
強壯或是最聰明的；而是，最能夠適應變化的。

~~Charles Robert Darwin 查爾斯・勞勃・達爾文

第一節　貨幣的現代定義：載體的四大功能

$

　　貨幣載體的現代化與改變，涵蓋「有形」的去現金化，如塑膠貨幣，及「無形」的去現金化，如行動支付。嚴格地講，塑膠貨幣並不是貨幣，它只是一個載體，內有真正無限法償的貨幣，但在實際社會上如此稱呼已久，故我們仍稱它為貨幣。然而，隨著行動支付的日新月異，塑膠貨幣的形式與功能已經改變。準此，本章第一節要談的塑膠貨幣，就是將支付過程去現金化的先驅，指的就是透過實體卡片，代替持有現金，或是一般所稱之「一卡一付」中的「一卡」。而本章第二節所談的行動支付，則是將支付過程去現金化的後繼者，或是一般所稱之「一卡一付」中的「一付」。

　　中央銀行（2019）「FinTechs 與 BigTechs 在支付領域之發展及影響」報告指出，在科技及數位經濟的帶動下，貨幣已從實體形式逐漸演變為數位形式，並持續與時俱進，提供安全、效率的數位化支付服務[1]。而近年來隨著電腦、手機等裝置的興起，以電子形式進行價值儲存的貨幣快速興起，正如塑膠貨幣此一載體，具有：支付、提款、轉帳和儲值四大功能，隨著行動裝置時代的到來，在各種貨幣形式下的實體支付工具，亦紛紛尋求數位化載體（平台），以發揮上述諸項功能。

　　我們首先分析行動支付作為三大貨幣形式載體之延伸；其次，透過沈中華、王儷容、蘇哲緯（2020a）首創提出之行動支付六大[2]分類：電子票證（Electronic Stored Value Cards）、電子支付（Electronic Payment）、第三方

1　中央銀行，〈FinTechs 與 BigTechs 在支付領域之發展及影響〉，央行理監事會後記者會參考資料，2019 年 9 月 19 日，頁 65。

2　本書所提台灣行動支付六大分類概念，源於《存款保險資訊季刊》第 33 卷第 1 期〈臺灣行動支付發展與歸類探討〉一文，其中所提之行動支付 3+3 分類。其中第一個 3，指的是：主管機關有專法進行規範，或是經濟部商業司針對公司行號有明定其營業項目登記之行動支付業者。而第二個 3，指的是：經濟部商業司對其業務並無專屬營業項目登記之業者功能與服務，同時在業者與消費者之間有定型化契約或銀行公會有相關安控作業基準。

支付（The Third Party Payment）、電子錢包（E-Wallet）、裝置載體支付[3]、紅利點數貨幣數位化，說明在貨幣的現代定義下載體的四大功能。

一、三大貨幣形式載體之延伸

有關行動支付作為三大貨幣形式載體之延伸，由於將於第二章第三節詳細討論上述六大行動支付，亦即在台灣的行動支付，故以下僅先初步列出上述各項行動支付的定義，以利讀者了解在貨幣的現代定義下載體的四大功能。

2009 年台灣有了電子票證專法，2015 年則出現電子支付專法。依金管會（2009）對電子票證定義[4]為：「指以電子、磁力或光學形式儲存金錢價值，並含有資料儲存或計算功能之晶片、卡片、憑證或其他形式之債據，作為多用途支付使用之工具。」

而依金管會（2015）對電子支付的定義[5]，本書整理如下：「以網路或電子支付平台為仲介，接受使用者註冊及開立電子支付帳戶，並利用電子設備以連線方式傳遞收付訊息，於付款方及收款方間經營『代理收付實質交易款項』、『收受儲值款項』、『電子支付帳戶間款項移轉』等業務之公司係屬『電子支付機構』，應向金管會申請許可，屬金管會金融監理業務之範疇。」

至於電子錢包[6]，則為：「由零售商推出『會員 App+行動支付』服務，主要提供線上會員帳戶累積消費點數與推播無紙化優惠券、消費者線上點餐（線下取餐）、線上寄售商品（整買零取）、儲值金帳戶等功能，一切的服務皆可透過內建的行動支付完成。」目的是為了創造用戶體驗與黏著度，但目前僅為封閉式消費，不可到發行者以外的商戶進行消費支付。

3　目前台灣總共以 6 家裝置載體支付業者為代表：Apple Pay、Samsung Pay、Google Pay、Garmin Pay、Fitbit Pay 以及肩負整合台灣行動支付的台灣 Pay。

4　金管會，〈電子票證發行管理條例〉，2009 年 1 月 23 日。

5　金管會，〈電子支付機構業務管理規則〉，2015 年 2 月 4 日。

6　沈中華、王儷容、蘇哲緯（2020a），〈臺灣行動支付發展與歸類探討〉，《存款保險資訊季刊》，第 33 卷第 1 期，2020 年 3 月 31 日。

表 2-1　行動支付作為三大貨幣形式載體延伸

貨幣形式	實體形式貨幣		塑膠貨幣		塑膠貨幣 電子形式貨幣		電子形式貨幣			
工具	鈔券、硬幣		信用卡		簽帳金融卡[7]		銀行帳戶	銀行帳戶	電子貨幣	紅利點數貨幣數位化
功能	儲值	支付	儲值	支付	儲值	支付	儲值	支付	支付	
電子票證	✓	—	✓	—	✓	—	✓[8]	—	✓	✓
電子支付	✓	—	✓	✓	✓	✓	✓	✓	✓	✓
電子錢包	✓	—	✓	—	✓	✓	—	✓	✓	✓
第三方支付	—	—	—	✓	—	✓	—	—	—	✓
裝置載體支付	—	—	—	✓	—	✓	—	—	—	—
紅利點數貨幣數位化	—	—	—	—	—	—	—	—	—	✓

資料來源：沈中華、王儷容、蘇哲緯（2020a），〈臺灣行動支付發展與歸類探討〉，《存款保險資訊季刊》，第 33 卷第 1 期，2020 年 3 月。

7　此處將簽帳金融卡歸類為塑膠貨幣與電子形式貨幣主因在於，簽帳金融卡之實體卡片載體，得視為「塑膠貨幣」，但是簽帳金融卡之支付金額與銀行存款餘額連結，因而也可以視為電子形式貨幣。

8　此處電子票證與銀行帳戶的連結儲值，指一卡通金融卡功能，用戶可直接透過銀行帳戶自動加值，或是以電子支付的 LINE Pay Money 間接自動加值電子票證帳戶。

經濟部（2014）定義第三方支付業者[9]為：「架設網路平台，提供網路交易之消費者以連線方式進行支付活動之業者。本事項所稱之『第三方支付服務』，指第三方支付業者，於網路交易發生後，收受網路交易之價金，並依消費者指示轉交與收款人之服務。」

至於裝置載體支付[10]，對於裝置載體支付的業者稱為數位支付服務供應商（Digital Payment Service Provider），「指其應用行動交易技術並與信用卡發卡機構合作，提供信用卡持卡人得以該行動裝置進行近端行動交易、網路交易[11]。」有關裝置載體支付的平台，本身不具有承作儲值功能的業務，但僅提供塑膠貨幣（信用卡）、電子形式貨幣（簽帳金融卡）[12]進行實體卡片數位化載體的延伸，透過代碼化（Tokenization）的交易驗證方式，進行消費支付。該類型平台本身不涉及金流代收、代付，而是提供實體卡片虛擬化的載體。

最後，紅利點數貨幣數位化是一種商戶或是行動支付業者為培養用戶對於平台的忠誠度，而給予延伸的紅利回饋，鼓勵用戶持續性使用自家平台進行支付而發行的紅利點數，是一種行銷手段。

二、載體的四大功能

立基於沈中華、王儷容、蘇哲緯（2020a），接續說明在貨幣之現代定義下載體的四大功能。見表2-2。

(一) 支付

上述六大行動支付皆有支付功能。不過，有別於塑膠貨幣在支付店家的廣泛與普及，在台灣行動支付六大分類下，電子票證、電子支付、第三方支

9　經濟部商工行政法規，〈第三方支付服務定型化契約應記載及不得記載事項〉，2014年1月13日。

10　沈中華、王儷容、蘇哲緯（2020a），〈臺灣行動支付發展與歸類探討〉，《存款保險資訊季刊》，第33卷第1期，2020年3月31日。

11　金管會，〈信用卡業務機構辦理行動信用卡業務安全控管作業基準〉，2018年4月9日。

12　詳見表2-1。

付、裝置載體支付的支付店家較為開放與多元，只要有與行動支付平台合作的特約店家，用戶皆可支付使用；但是電子錢包與紅利點數貨幣數位化則是有其限制，電子錢包的使用店家則較為封閉與單一，用戶只能在發行電子錢包的零售商所使用，而紅利點數貨幣數位化，可能在特定的區域、行動支付與電商平台所使用，且依發行者不同，可能造成紅利點數的支付使用上有時效限制。

(二) 儲值

目前台灣行動支付六大分類中，僅有電子票證、電子支付與電子錢包具有「儲值」的功能。儲值概念就是透過現金貨幣、塑膠貨幣或是電子形式貨幣（銀行帳戶存款），對於行動支付平台進行法定貨幣金額價值的移轉，供用戶於進行支付、轉帳時所使用。

(三) 提款

在前述台灣行動支付六大分類觀察中，目前行動支付平台不具有直接提領現金貨幣的功能，但是在電子支付方面，其具有電子形式貨幣間的轉化與提領功能。亦即，用戶可能透過電子支付綁定銀行帳戶進行儲值與支付的功能，當用戶收受到他人的轉帳金額，則該筆金額會存放於電子支付的儲值帳戶（此時為電子形式貨幣的電子貨幣），用戶可以透過提領的功能再將金額移轉至銀行帳戶（此時為電子形式貨幣的商業銀行貨幣），也可以再利用簽帳金融卡、金融卡（塑膠貨幣）將銀行帳戶存款提領出來，此時貨幣形式就轉化為紙鈔與鑄幣。

我們可以這樣想，塑膠貨幣的「提款」功能，是提領實體現金貨幣；而行動支付中的「提款」，則是將電子形式貨幣底下的各種貨幣種類進行轉化。最後，透過銀行帳戶，可以間接將貨幣形式又轉化為我們所熟知的現金貨幣。

(四) 轉帳

以電子形式的貨幣作為媒介，將貨幣價值進行移轉，更重要的是經過轉

帳過程後，該筆貨幣價值金額是可以透過銀行帳戶進行提領動作，並且用戶可以再透過塑膠貨幣（簽帳金融卡、一般金融卡）將該筆金額提領出來，此時貨幣的形式又轉化為實體的法定貨幣，即紙幣與鑄幣，又或是轉帳給他人後，仍可使用其進行一般商戶支付。目前在台灣僅有電子支付平台或是同一用戶於同一公司之電子支付與電子票證帳戶間進行轉帳；然而，隨著科技技術與商業模式的創新，過去零售商所發行的實體禮物卡、儲值卡或是紙本禮券，也逐漸轉型為數位虛擬化的形式，深入我們的生活當中；民眾透過零售商的實體門市，進行實體現金貨幣的儲值或是線上綁定塑膠貨幣（信用卡、簽帳金融卡）進行電子錢包儲值後，可再透過電子錢包中進行「轉贈」的動作，亦即透過電子錢包將法定貨幣金額價值移轉給他人，但特別的是該筆金額為封閉式專一使用，也就是受款者，不能將該金額拿去零售平台以外的店家所使用。

　　簡言之，我們定義：行動支付的「轉帳」是以電子形式貨幣的價值移轉，是可以再轉化為其他形式的貨幣，如：紙幣與鑄幣，且「支付」使用的店家更為開放與多元；而「轉贈」也是以電子形式貨幣進行價值移轉，只是其只能在電子錢包的營運發行店家使用，如全家的 My FamiPay、全聯的 PX Pay。使用支付的店家，更為封閉與單一，局限性較大，而讀者也可以將電子錢包的「轉贈」想像成好友間的電子商品禮券贈送。

　　必須注意的是，目前台灣的信用卡支付已經從過去的實體卡片轉往數位虛擬化發展，消費者可以透過「一張」信用卡去同時綁定「多個」行動支付平台進行支付，可能是電子票證、電子支付、第三方支付或是裝置載體支付，因此在行動支付比率的目標計算上，可能會有計算盲點，致無法真實反應屬於台灣多元行動支付的面貌[13]。

　　電子錢包帳戶可利用信用卡或是現金[14]等方式儲值，可綁定與商戶有合作的信用卡（或是簽帳金融卡），令消費者於未來透過儲值金進行支付。

---

13 引用自沈中華、王儷容、蘇哲緯（2020a），〈臺灣行動支付發展與歸類探討〉，《存款保險資訊季刊》，第 33 卷第 1 期，2020 年 3 月 31 日。

14 目前可現金儲值消費的電子錢包業者有全家 Fami 錢包、全聯 PX Pay、家樂福 Carrefour Wallet。

表 2-2　六種行動支付載體功能的比較

分類	電子票證	電子支付	第三方支付	電子錢包	裝置載體支付	紅利點數貨幣數位化
主管機關	金管會	金管會	經濟部	經濟部	金管會	經濟部
開始年分	2009	2015	2014	無特別分界	2016	無特別分界
主要功能	可儲值、支付，不可轉帳。	可儲值、轉帳、提領/提款、代收、代付。	只可從事代收、代付。	可儲值、轉帳/轉贈、支付。	可支付。	可支付。
相關說明	1.目前法規允許同一家電子票證、電子支付公司之同一帳戶持有人進行轉帳。2.儲值金額上限新台幣1萬。	1.電子支付平台不具有直接提款功能，但是具有電子形式貨幣間的轉化與提領功能。2.儲值金額上限新台幣5萬。	帳戶不可儲值，不可轉帳。	1.消費者透過電子錢包儲值後，可再透過電子錢包進行「轉贈」，亦即透過電子錢包將法定貨幣金額價值移轉給他人。2.可綁定信用卡進行商戶支付。	提供實體電信用卡與VISA金融卡數位載體，進行商戶支付。	可以紅利點數支付、折抵消費金額。主要功能是用戶的紅利行銷回饋。

資料來源：作者整理

第二節　一卡：塑膠貨幣

　　正如上述，實際上塑膠貨幣並不是貨幣，它只是一個載體，內有真正無限法償的貨幣，但實際社會如此稱呼已久，故我們仍稱它為貨幣。之前，沈中華、王儷容、蘇哲緯（2020b）[15] 認為，一般塑膠貨幣具有 (1) 支付、(2) 提款、(3) 轉帳、(4) 儲值四大功能之其中幾項。見表 2-3。

　　廣泛的塑膠貨幣包含：

一、信用卡（Credit Card）

　　具有四大功能中的支付，今天消費，由銀行墊支金額，消費者於一個月後再繳款，申辦信用卡多需要薪資所得證明或是財力證明，以獲得符合個人的簽帳信用額度。有些銀行還提供信用卡卡友預借現金。

二、簽帳金融卡（Debit Card）

　　又稱為借記卡，具有四大功能中的支付、提款與轉帳功能。當用戶使用此卡進行消費支付，銀行立即從客戶的銀行帳戶中的存款進行扣款，帳戶有多少金額，才可以消費多少金額，同時也可到 ATM 進行轉帳與提款。申請此卡不用有薪資證明，通常開立銀行帳戶時，就可一併申辦。

三、一般金融卡（ATM Card）

　　具有四大功能中的提款（自有存款提取）與轉帳。用戶透過 ATM 進行相關業務，一般金融卡就是開立銀行帳戶時所附加給存戶的卡片。

四、現金卡（Cash Advance Card）

　　具有四大功能中的提款（預借現金功能）。於申辦時需向銀行提出薪資

---

15 以下引用自沈中華、王儷容、蘇哲緯（2020b），〈臺灣行動支付發展樣貌與其對金融財稅之影響〉，《臺灣銀行季刊》，第 71 卷第 3 期，2020 年 9 月。

收入證明，在未來方可向銀行預借某一比例的現金，如：早期萬泰銀行（今凱基銀行）的喬治瑪莉卡。

五、儲值卡（Stored Value Card）

　　含括四大功能中的儲值與支付功能。預存（儲值）現金到卡片中，之後消費憑卡扣款，支付過程多可累積會員紅利。至於其支付應用環境，則可分為僅限於發行店家使用之封閉型（如麥當勞點點卡、星巴克隨行卡），及不

表 2-3　塑膠貨幣分類與功能

	信用卡	現金卡	簽帳金融卡	一般金融卡	儲值卡
功能	一、支付	一、提款（預借現金）	一、支付 二、提款 三、轉帳	一、提款 二、轉帳	一、支付 二、儲值
銀行帳戶連結	無	無	✓	✓	無
薪資與財力證明	✓	✓	無	無	無
使用環境	在合作店家皆可簽帳支付。有些銀行提供信用卡卡友預借現金。	任一 ATM 或是發卡銀行分行。	合作店家皆可支付簽帳。	ATM 與發卡銀行之分行。	分為封閉型與開放型。
使用年齡	正卡持有人需年滿 20 歲，並具有一定的薪資收入；副卡持有人則是年滿 15 歲即可辦理。	年滿 20 歲並具有一定的薪資收入即可申辦。	15 歲以上才可申請。	不限年齡，只要申辦銀行帳戶即可附加申請一般金融卡。	不限年齡，商戶的行銷行為。

資料來源：改寫自沈中華、王儷容、蘇哲緯（2020b），〈臺灣行動支付發展樣貌與其對金融財稅之影響〉，《臺灣銀行季刊》，第 71 卷第 3 期，2020 年 9 月。

限於發行店家使用之開放型（如台灣的悠遊卡、香港地區的八達通卡）兩種。

表 2-3 彙整了上述五類塑膠貨幣之功能、使用環境、使用年齡等，以供參考。

第三節 一付：行動支付在台灣[16]

在本書第二章第一節中，已約略提及行動支付之六大分類，以及行動支付在載體之四大功能（即貨幣現代定義）中所扮演之角色。進一步地，為了闡述貨幣演化在台灣之情況，以下即針對行動支付六大分類在台灣之發展近況，分別進行闡述。

一、電子票證之發展

源於 2009 年出世之電子票證專法，本文將其分成三個階段。第一階段，也是它最初目的，是為了整合台灣大眾交通工具為不同地方交通公司（臺鐵、捷運、地方公車等）營運，而延伸出車資與收費方式不統一的現象，如悠遊卡。透過電子票證這樣標準化的交易支付工具，能夠達到跨縣市與跨公司車資的結算機制，受到廣大通勤族好評。而隨著電子票證的普及，應用領域也從大眾交通工具擴及至小額消費支付，並且也有地方縣市將社福卡的功能與電子票證進行連結，亦或是學生證連結電子票證，如臺大的教師證、學生證也具有悠遊卡的功能，達成一卡多用的發展樣貌。

電子票證業者的特色是透過發行非接觸式智慧卡的實體卡片作為用戶在搭乘交通工具的支付載體，所謂非接觸式智慧卡是指卡片內建非接觸式晶片連接感應線圈，以供卡片資料運算與儲值，以技術層次而言，它使用無線射頻辨識（Radio Frequency IDentification, RFID）技術，透過店家的感應設備，用戶便能夠搭乘大眾交通工具與支付扣款。

---

16 本節內容引用自沈中華、王儷容、蘇哲緯（2020a），〈臺灣行動支付發展與歸類探討〉，《存款保險資訊季刊》，第 33 卷第 1 期，2020 年 3 月。

　　第二階段是實體結合。將它結合在銀行的信用卡或是簽帳金融卡內，兩張實體卡片結合的好處是銀行的信用卡具有雙重功能，既是信用卡，也是電子票證，而它又內建自動加值的功能，當電子票證的金額低於一定額度時，系統便會自動加值，完善消費用戶在金融與交通應用的雙重場景，並且，讓用戶此時電子票證的加密與資安受到晶片的保障，提升為第二級安全規範，消費用戶單筆消費金額也不再受到小額消費的限制。

　　第三階段則是信用卡與電子票證的更進一步無實體化。近期行動網路與

表 2-4　電子票證業者

經濟部營業項目電子票證 HZ05011					
名稱	執照	公司名稱	資本額	集團或大股東	領域
四家專營業者目前都取得電子支付業者的執照					
悠遊卡	專營	悠遊卡股份有限公司	7 億	悠遊卡投控	官股大眾交通
一卡通	專營	一卡通票證股份有限公司	9.11 億	高雄市府 聯邦銀行 連加網路商業	官股大眾交通 民營銀行 第三方支付
icash	專營	愛金卡股份有限公司	7 億	統一超商 7-ELEVEN	連鎖便利商店
Happy Cash 有錢卡	專營	遠鑫電子票證股份有限公司	7.48 億	泛遠東集團	零售 電信 綜合業
電子票證兼營執照，目前該電子票證已暫停發行新卡					
永豐銀行 現金儲值卡	兼營	永豐商業銀行	部門	永豐金控	金融控股

資料來源：沈中華、王儷容、蘇哲緯（2020a），〈臺灣行動支付發展與歸類探討〉，《存款保險資訊季刊》，第 33 卷第 1 期，2020 年 3 月。附註：本次改寫主要在公司基本資料，更新 2021 年 4 月 5 日。

行動支付的快速發展，手機與或智慧手錶（穿戴裝置）等產品，成為現代人們生活的一部分，電信商、手機品牌商，如 Apple、Samsung 等業者以及銀行，透過手機內建的功能，將信用卡置於手機內，達成信用卡去實體化的目標與發展；此外 2020 年 3 月「Samsung Pay 悠遊卡」的推出，悠遊卡才真正進入數位虛擬化的階段。

二、電子支付之發展

　　2015 年 5 月「電子支付機構管理條例」正式生效，本文將其分為三階段，第一階段為專營與兼營業者執照的申請，以電商與遊戲業為主導者，於 2016 年取得電子支付專營執照的「歐付寶」、「橘子支」、「智付寶」[17]、「國際連」、「ezPay 台灣支付」[18] 正式營運，其餘的兼營業者為 20 家金融機構（商業銀行與郵局）。

　　第二階段，第三方支付業者透過申請與參股的形式取得電子支付執照，2017 年 12 月一卡通電子票證公司，取得兼營電子支付的執照，2018 年 1 月當時仍為第三方支付業者的「街口支付」取得「電子支付」專營執照，其能承作的業務更加多元。而原先的第三方支付平台 LINE Pay 因僅依靠綁定信用卡（或是簽帳金融卡）支付仍有不便，因此聰明地吃下擁有電子支付業執照的一卡通 30% 的股份，直接綁定銀行帳戶，擴及更多的年輕、學生用戶，此舉也成功將台灣電子支付業者的競爭拉出了差距。

　　第三階段，電子票證與電子支付專法進行合併管理，2019 年 8 月金管會為方便普及電子支付業務，因此提出將電子票證與電子支付的專法進行合併管理預告，2019 年 8 月台灣另外 2 家電子票證業者「icash（愛金卡股份有限公司）」、「Happy Cash 有錢卡（遠鑫電子票證股份有限公司）」取得兼營電子支付執照；2019 年 11 月 5 日，icash 推出了「icash Pay」，成功使母公司統一超商 7-ELEVEN 的行動支付功能更加全面。根據作者觀察，

---

17 智付寶於 2018 年與 ezPay 台灣支付進行合併，智付寶為存續公司，並在完成合併後改名為「簡單行動支付」。

18 2016 年藍新科技成立 ezPay 台灣支付，2018 年藍新科技母公司全達與智冠科技進行換股整併，ezPay 台灣支付與智付寶合併，並為消滅公司。

表 2-5　非銀行業所專兼營電子支付業者

經濟部營業項目 HZ06011 電子支付業					
平台名稱	執照	公司名稱	資本額	集團或大股東	領域
電子支付，取名為「支付」					
街口支付 JKO Pay	專營	街口電子支付股份有限公司	6.12 億	街口金融科技股份有限公司	網路新創業者
橘子支 GAMA Pay	專營	橘子支行動支付股份有限公司	8 億	遊戲橘子 全家便利店 樂點 Gash 玉山銀行 中興保全 台灣大車隊	遊戲業 連鎖便利店 商業銀行業 保全業 計程車運輸
簡單支付 ezPay	專營	簡單行動支付股份有限公司	6.14 億	智冠	遊戲業
悠遊付 EasyWallet	兼營	悠遊卡股份有限公司	部門	悠遊卡投控	官股 大眾交通
電子支付，取名為「Pay」、「連」、「寶」或是「合併名稱」					
國際連*	專營	國際連股份有限公司	5.01 億	PChome 拍付國際	電商
歐付寶 O Pay	專營	歐付寶電子支付股份有限公司	10 億	歐買尬	遊戲業
LINE Pay Money	兼營	一卡通票證股份有限公司	部門	連加網路商業 一卡通	社交訊息 電子票證
icash Pay	兼營	愛金卡股份有限公司	部門	統一超商 7-ELEVEN	連鎖便利店

資料來源：沈中華、王儷容、蘇哲緯（2020a），〈臺灣行動支付發展與歸類探討〉，《存款保險資訊季刊》，第 33 卷第 1 期，2020 年 3 月。

*2020 年 12 月拍付國際與支付連進行換股整併，拍付國際作為存續公司，支付連則為消滅公司，拍付國際將百分之百擁有我國電子支付執照的國際連公司。

表 2-6　銀行業兼營電子支付業者一覽表

名稱	企業	領域
取名為「Pay」		
toPay支付	土地銀行	商業銀行業
合庫 CoPay	合作金庫	商業銀行業
Sunny Pay	陽信銀行	商業銀行業
E.SUN Pay玉山電子支付	玉山商業銀行	商業銀行業
彰銀支付 iPay	彰化銀行	商業銀行業
取名為「支付」或是「付」		
易付	中國信託	商業銀行業
第 e 支付	第一商業銀行	商業銀行業
Mega-ePay 兆豐支付	兆豐銀行	商業銀行業
取名為「錢包」或是其他名稱		
台銀收銀台	臺灣銀行	商業銀行業
LETSPAY行動錢包	台新銀行	商業銀行業
豐掌櫃	永豐銀行	商業銀行業
華南收銀平台	華南商業銀行	商業銀行業

資料來源：沈中華、王儷容、蘇哲緯（2020a），〈臺灣行動支付發展與歸類探討〉，《存款保險資訊季刊》，第 33 卷第 1 期，2020 年 3 月。

icash Pay 推出的隔天 11 月 6 日，LINE Pay 一卡通也推出用戶於 7-ELEVEN 消費，便給予 10% LINE Points 回饋，以此創造用戶討論，維持電子支付使用率。經濟日報社論認為金管會決定將整併電子支付與電子票證法制，合為一法，雖說這只是法規上的一個小小調整，對我國金融科技發展卻是一個正確的決策[19]。

---

[19] 見經濟日報社論，〈從法令整併談電子支付的競爭力〉，2019 年 9 月 24 日。

此項修法的動作，不僅提升電子票證與電子支付的監管層次，也開放了以通路為主的統一超商與擅長經營百貨商場的遠東集團（遠鑫電子票證的大股東）取得台灣電子支付的入場券。目前我國零售業的全家便利商店與全聯超市以及電商的蝦皮也積極爭取取得電子支付執照，替我國支付產業吹起一波漣漪。

三、第三方支付之發展

在台灣，第三方支付業務經營並無資本額限制，僅有不具法律效力的自律規範約束。主管機關為經濟部商業司，營業項目許可為第三方支付服務業（I301040），第三方支付業者必須符合以下經濟部訂定的事項與自律規範：

(一) 第三方支付服務定型化契約應記載及不得記載事項。

(二) 「信用卡收單機構簽訂『提供代收代付服務平台業者』為特約商店自律規範。」

第三方支付之發展分為兩類。第一類為狹義的第三方支付。當買家與賣家有不對稱訊息，為了保障買賣雙方的權益，確保線上交易的雙方能夠進行履約義務，保障金流與商品流確實到達雙方手中，買方先將價金交予第三方支付業者保管，待買方取得商品確認無誤，第三方支付業者再將買方價金撥予賣方。

第二類為廣義的第三方支付。此時不再只限於保障買賣雙方的權益，而是回到直接的支付定義，強調用戶在實體商店消費過程交易無現金化，省去買賣過程不必要的時間與金錢成本浪費。如 LINE Pay、Pi 拍錢包等業者透過自身的 LINE 手機通訊與 PChome 電子商務用戶數作為用戶來源。這部分與下一章節的電子錢包相當相似。

2016 年 12 月底台灣最大社群通信營運商 LINE 憑藉「大平台、多用戶、高回饋」三大優勢推出屬於第三方支付「LINE Pay」並與中國信託合作發行 LINE Pay 聯名卡，藉由 3% 的 LINE Points 吸引用戶加入後，快速打造點數生態圈，創造年輕用戶討論，並延伸至電子支付業務。2018 年 8 月電

表 2-7　第三方支付服務業者

經濟部營業項目 I301040 第三方支付服務業					
平台名稱	所屬公司企業	組織	資本額	集團	領域
第三方支付，取名為「Pay」					
LINE Pay	連加網路商業	法人	5.47 億	LINE Corp	社交
Pi 拍錢包	拍付國際資訊	法人	4.25 億	PChome 集團	電商
Happy GO Pay	鼎鼎聯合行銷	部門	—	遠東集團	點數平台 零售百貨
Park Pay	鼎鼎企業管理顧問	法人	0.83 億	遠東集團	點數平台 智慧停車
旺 Pay	旺旺電子商務	部門	—	—	直銷電商
ECPAY	綠界科技	法人	1.28 億	歐買尬	遊戲
NewebPay	藍新科技	法人	7.55 億	智冠集團	遊戲
Hami Pay	中華電信	部門	—	中華電信	電信
Gt Pay	亞太電信	部門	—	鴻海集團	電信
第三方支付，取名為「錢包」					
Wali 智慧錢包	台灣大哥大	部門	—	泛富邦集團	電信
FriDay 錢包	遠傳電信	部門	—	遠東集團	電信與電商
第三方支付，取名為「付」					
超好付	Yahoo 奇摩	部門	—	港商雅虎資訊股份有限公司（Verizon）	電商與搜尋網路
Yahoo 奇摩輕鬆付	Yahoo 拍賣	部門	—	港商雅虎資訊股份有限公司（Verizon）	電商與搜尋網路

平台名稱	所屬公司企業	組織	資本額	集團	領域
醫指付	大洸醫院管理顧問	法人	600 萬	—	醫療整合
網址付	紅陽科技	部門	—	—	—
第三方支付，其他取名					
微信支付	騰訊集團	部門	—	騰訊	社交（境外支付）
支付寶	螞蟻金服	部門	—	阿里巴巴	電商（境外支付）

資料來源：沈中華、王儷容、蘇哲緯（2020a），〈臺灣行動支付發展與歸類探討〉，《存款保險資訊季刊》，第 33 卷第 1 期，2020 年 3 月。附註：本次改寫主要在公司基本資料，更新 2021 年 4 月 5 日。

商龍頭旗下 Pi 拍錢包也與玉山銀行推出玉山 Pi 拍錢包信用卡，以消費即享有 2.5% P 幣回饋手段，成功再次掀起一波辦卡風潮，並訴求以 P 幣作為連結，將母公司的電商業務與支付進行整合。

四、電子錢包之發展

電子錢包目前並無特定的專法進行管制。它具有下列特色：

(一) 封閉式商戶消費

只能在自家店消費，各家零售業者推出「電子錢包」，最大的目標就是要簡化其線下通路的交易繁瑣流程與時間成本，例如：掏錢、找零、排隊、點餐以及列印發票等流程，目標無現金、無紙化，並且透過支付功能，掌握商戶自主金流。

(二) 線上會員帳戶

電子錢包也可以稱為「實體會員卡的電子化」，有別於過去消費者必須拿出實體會員卡進行會員點數積累，又或是商戶的優惠資訊須透過紙本或

是官方網站進行傳送，成效不彰，透過線上會員帳戶，可以利用 App 進行優惠券的推播並且使用刷條碼即可享有此優惠，方便又節約（不浪費紙），且因為手機 App 具有定位功能，不同地區的店家優惠也可以即時推播給用戶。

(三) 消費者自助訂單

以餐廳開發的電子錢包為例，消費者藉由手機 App 功能預約點餐，甚至自行選擇適宜的時段取餐，而同時電子錢包內建支付功能，因此省去節帳時間，對於消費者與商戶效率大幅改善。此外，過去 1 年台灣連鎖量販業者，如：大潤發與家樂福，積極於門店中倡導鼓勵使用自助收銀機，因此電子錢包功能的出現，也達成結帳「一機完成」的支付流程。

(四) 線上寄售商品

零售通路商透過電子錢包或是手機 App 介面向用戶推播商品的優惠活動提供用戶消費者進行線上購買，以「整買零取」與「現貨店取」兩大服務，創造用戶流量，意即消費者透過手機 App 大量購買後，可選擇分批次換取或是一次兌換帶回家，在價格上較為實惠。此外在目前台灣電子錢包功能設定中，消費者一次購買大量商品後，也可透過電子錢包或LINE 傳送商品條碼送給親友，供其直接進行兌換，創造社群性與便利性的用戶體驗。如全家便利店的咖啡寄杯服務，或是全聯於 2019 年 10 月底所上線的「PXGo!全聯線上購」，皆為此經營特色。

(五) 支付金流僅可透過綁定信用卡或是儲值金支付

電子錢包帳戶僅可綁定與商戶有合作的信用卡（或是簽帳金融卡），並利用信用卡或是現金[20] 等方式儲值，消費者可於下次透過儲值金進行支付。也可以透過錢包帳戶中的儲值金「轉贈」[21] 給朋友，這邊的概念其實就是消費者預先購買數位化禮券或是禮物卡，並透過 App 轉送給朋友。此外，電

---

20 目前可現金儲值消費的電子錢包業者，有全家 Fami 錢包、全聯 PX Pay、家樂福 Carrefour Wallet。

21 目前可儲值金轉贈與朋友的電子錢包，有全家 Fami 錢包與家樂福 Carrefour Wallet。

表 2-8　電子錢包業者

經濟部無特別營業項目				
錢包名稱	所屬公司企業	組織	集團	業務領域
App 內建電子錢包，取名 Pay 功能				
My FamiPay	全家	部門	全家便利店	連鎖便利店
OPEN 錢包	統一超商 7-ELEVEN	部門	統一集團	連鎖便利店
Hi Pay	萊爾富	部門	光泉汪氏家族	連鎖便利店
OK Pay	OK	部門	來來百貨	連鎖便利店
PX Pay	全聯	部門	全聯實業	超市通路
Carrefour Wallet	家樂福	部門	法商家樂福 統一集團	量販店
台北 101 Pay	101	部門	台北 101	百貨商場
Skm Pay	新光三越	部門	新光集團	百貨商場
Breeze Pay	微風廣場	部門	微風集團	百貨商場
GM Pay	環球購物中心	部門	冠德集團	百貨商場
京站 Q Pay	京站	部門	日勝生	百貨商場
Watsons Pay	屈臣氏	部門	屈臣氏 （港商長和）	藥妝通路
Cama Pay	cama coffee	部門	―	連鎖咖啡
黑貓 Pay	黑貓宅急便	部門	統一集團	宅配物流
中油 Pay	台灣中油	部門	台灣中油	加油站
App 內建電子錢包，無取名 Pay 功能				
大潤發會員 APP	大潤發	部門	法商歐尚 潤泰集團	量販店
85 度 C	85 度 C	部門	美食達人	連鎖咖啡

錢包名稱	所屬公司企業	組織	集團	業務領域
新光影城	新光影城	部門	—	娛樂影城
六角國際	六角國際	部門	—	連鎖茶飲
Mos Order	摩斯漢堡	部門	東元集團 （安心食品）	連鎖速食

資料來源：沈中華、王儷容、蘇哲緯（2020a），〈臺灣行動支付發展與歸類探討〉，《存款保險資訊季刊》，第 33 卷第 1 期，2020 年 3 月。

子錢包中的儲值金或是商戶預先寄售的商品，也需交由信託專戶保管或是銀行十足履約保證，以此保障消費者權益。

五、裝置載體支付之發展

上一節的電子錢包可以稱為「實體會員卡的電子化或無實體化」，而裝置載體支付可以稱為「信用卡的電子化或無實體化」。

金管會（2016）對裝置載體支付以「數位支付服務供應商」（Digital Payment Service Provider）稱之，例如：外國公司提供「Pay」的服務，如 Apple Pay、Samsung Pay、Android Pay（目前整合為Google Pay），這些 Pay 與信用卡發卡機構合作，則相當於信用卡裝在手機裡面，透過持卡人進行信用卡（或簽帳金融卡）進行綁定，平台本身並不涉及交易款項的代收付移轉，僅提供實體卡片數位化延伸，所以我們可以想成它將「信用卡無實體化」，而這些外國公司就是裝置載體支付商，透過裝置生產商所擅長的科技技術，去達成用戶在支付簽帳過程中的方便性與資安保障，它們推動的 Pay 就是「裝置載體支付」。

而近年受到國人所關注的「台灣 Pay」的業務，基本上也是裝置載體支付，只是它有一特色是也可綁定金融卡與網路銀行進行轉帳。

裝置載體支付始於 2016 年 5 月銀行公會提出的「信用卡業務機構辦理行動信用卡業務安全控管作業基準」，規範銀行與裝置支付業者的合作，並探討開放外資裝置支付業者進入台灣行動支付市場。2016 年底，Apple、

Samsung 等智慧型手機品牌與 Google 才開始在台灣推出相關業務。

　　裝置載體支付有四大特色：第一：它與上述的第三方支付的 Pay，或電子支付的 Pay 這些行動支付業者都叫作「Pay」，但前二者的 Pay 關心支付金流、儲值、轉帳，裝置載體支付則專注在支付。第二：它並不受任何專法監管，但它必須符合行動信用卡業務安全控管作業基準，因為它是信用卡無實體化的數位載體。第三：都被稱作為 Pay，有重複計算行動支付的可能性。第四：同類型比較才有意義，台灣 Pay 應該與 Apple Pay、Samsung Pay 與 Google Pay 這一類的裝置載體支付進行市占率比較，這樣較符合標準一致且客觀，而非與街口支付或是 LINE Pay 進行比較，因為這二者的業務差異很大，且分屬於裝置載體支付、電子支付與第三方支付。

表 2-9　裝置載體支付業者

平台名稱	所屬公司	組織	資本額	股東
A. 載具業者（手機裝置／穿戴式裝置），無相關經濟部營業項目				
Apple Pay	Apple	部門	─	外資
Samsung Pay	Samsung	部門	─	外資
Google Pay	Google	部門	─	外資
Fitbit Pay	Fitbit	部門	─	外資
Garmin Pay	Garmin	部門	─	僑外資
B. 財金公司主導，提供卡片載體平台與整合 QR Code，無相關經濟部營業項目				
台灣 Pay	台灣行動支付股份有限公司	法人	6 億	1. 財金公司 2. 財團法人聯合信用卡處理中心 3. 財團法人台灣票據交換所 4. 合作商銀 5. 第一銀 6. 彰銀 7.兆豐銀 8. 台新銀 9. 北富銀 10. 新光銀 11. 元大銀 12. 華南銀

資料來源：沈中華、王儷容、蘇哲緯（2020a），〈臺灣行動支付發展與歸類探討〉，《存款保險資訊季刊》，第 33 卷第 1 期，2020 年 3 月。

六、紅利點數貨幣數位化之發展

　　點數貨幣數位化不需設立專法，主要應用為用戶透過使用 App 消費支付後即可獲得累積點數貨幣，雖名為「貨幣」，但本身並不具有法定貨幣的性質，而是以行銷為主要目的，其主要功能是要培養用戶對於平台的忠誠度，而給予的紅利回饋，業者透過點數幣折抵消費金額，或是兌換商品折價券等方法，以創造高使用率。當前的台灣商業環境中用戶可以利用「數位點數貨幣」進行消費支付折抵，因此我們將其納入台灣行動支付六大分類。

　　在紅利點數貨幣數位化的發展背景，我們又分類以下三種類別：行動支付業者推出的點數幣、電商與零售業者推出的點數貨幣，以及地方政府、民間團體與商圈發行的社區幣。而各自有各自的演化。

(一) 行動支付業者推出的點數幣

　　發行者為電子票證、電子支付與第三方支付業者，用戶使用平台支付後，即可累積點數幣於帳戶上。此外，支付業者也透過發行聯名卡，當用戶進行簽帳支付後，點數幣自動累積至支付帳戶上。如：中國信託 LINE Pay 聯名卡、玉山 Pi 拍錢包信用卡與台新街口聯名卡等。特約店家數量較為多元廣泛，意即只要有與平台合作皆可使用。

　　此外，消費用戶也可以透過點數幣進行消費金額的折抵，或於支付平台兌換商品禮券。簡言之，該類點數幣就是作為行動支付的數位行銷延伸，但當用戶以點數幣折抵消費金額，是否會被統計行動支付交易金額重複計算呢？我們不得而知。

(二) 電商與零售業者推出的點數幣

　　發行者為電商、零售業者，用戶透過下載 App 會員帳戶或是電子錢包，在消費過程中加以累積會員點數幣，可折抵支付消費金額，也可換購促銷商品。以培養用戶對於平台的忠誠，通常僅能在發行的店家與平台使用支付。如 Happy GO 點數、7-ELEVEN 的 OPEN POINT、全聯福利金與 PChome 的 P 幣。

(三) 地方政府、民間團體與商圈發行的社區幣

　　發行者為地方政府、民間團體與商圈，主要目的是為了鼓勵民眾在地消費以及參與公共事務。僅能於特約合作店家使用，透過社區幣的回饋創造 App 使用率。此外社區幣多具有減值的使用時效性，意即民眾取得社區貨幣後必須儘快使用，否則社區貨幣（Local Currency）有價值歸零的可能，此目的主要是為了創造社區貨幣的流通速度，以此鼓勵社區幣持有者多消費。

表 2-10　紅利點數貨幣數位化

類型	行動支付業者推出的點數幣	電商與零售業者推出的點數幣	地方政府、民間團體與商圈發行的社區幣
發行者	電子票證 電子支付 第三方支付	電商平台 零售業者 電子錢包	地方政府 地方商圈 民間團體
應用層面	開放型	封閉型	封閉型
合作商家	較多元，只要有與行動支付業者合作，皆可使用，涵蓋領域較廣	僅能於發行平台或是商戶使用	僅能於特約商圈與店家單位使用
取得途徑	1.透過支付平台消費取得 2.聯名卡簽帳支付取得	透過會員 App 或是電子錢包進行消費支付即可取得累積	1.透過合作店家消費取得 2.回答相關問卷 3.對於當地環境人文有貢獻者
指標業者	LINE Points 街口幣 P 幣	Happy GO 點數 OPEN POINT 全聯福利金 P 幣*	高雄幣 嘉義幣 台東金幣 達悟幣

資料來源：沈中華、王儷容、蘇哲緯（2020a），〈臺灣行動支付發展與歸類探討〉，《存款保險資訊季刊》，第 33 卷第 1 期，2020 年 3 月。

* 由於近年台灣電商龍頭 PChome 積極發展點數生態圈商業模式，因此將 P 幣連結電子商務與第三方支付，故此處將 P 幣歸類為「行動支付業者」及「電商與零售業者」推行的點數幣。

如中華科技金融學會與地方政府合作發行的高雄幣（Kaohsiung Coin）與嘉義幣（Chiayi Coin）（將於本文第四章中詳述）。

表 2-11　行動支付業者推出的點數數位化貨幣

名稱	發行公司	功能	所屬集團
行動支付業者推出的點數幣，以「點數」取名			
LINE Points	LINE Pay（第三方支付） LINE Pay Money（電子支付）	1. 折抵全額消費 2. 於 LINE 平台兌換購物券	LINE Corp
行動支付業者推出的點數幣，以「幣」取名			
P 幣	Pi 拍錢包（第三方支付）	1. 折抵全額消費 2. 於拍享券平台兌換購物券 3. 於 PChome 集團折抵使用	PChome
街口幣	街口支付（電子支付）	1. 折抵消費金額 30%	—
行動支付業者推出的點數幣，以其他取名			
零用金	橘子支付（電子支付）	1. 折抵消費	遊戲橘子
紅利點數	歐付寶（電子支付）	1. 折抵消費	—
UUPON	點鑽整合行銷股份有限公司（連結電子票證）	1. 兌換商品券	悠遊卡投控

資料來源：沈中華、王儷容、蘇哲緯（2020a），〈臺灣行動支付發展與歸類探討〉，《存款保險資訊季刊》，第 33 卷第 1 期，2020 年 3 月。

表 2-12　電商與零售業者推出的點數數位化貨幣

名稱	發行公司	應用領域	所屬集團
電商與零售業者推出的數位點數，以「點數」取名			
Happy GO 點數	鼎鼎聯合行銷（遠東集團）	電子商務合作特約商店	遠東集團
全家會員點數	全家便利店	連鎖便利店	全家便利店
OPEN POINT	統一超商 7-ELEVEN	連鎖便利店	統一集團
福利點數	全聯	超市通路	全聯實業
電商與零售業者推出的數位點數，以「幣」取名			
P 幣	PChome 網路家庭	電子商務合作特約商店	PChome
momo 幣	富邦媒體	電子商務	泛富邦集團
東森幣	東森購物	電子商務	東森集團
蝦幣	蝦皮購物	電子商務	SEA 集團

資料來源：沈中華、王儷容、蘇哲緯（2020a），〈臺灣行動支付發展與歸類探討〉，《存款保險資訊季刊》，第 33 卷第 1 期，2020 年 3 月。

表 2-13　地方政府、民間團體與商圈發行的社區貨幣

名稱	發行者	使用說明
地方政府、民間團體與商圈發行的社區幣，以「幣」取名		
高雄幣	中華科技金融學會 戀鏈科技 高雄地方商圈自治會	可在合作店家消費後，取得消費金額 1%-10% 的高雄幣用以下次消費使用折抵，高雄幣具有減值的時效性，取得後必須儘快使用。
嘉義幣	嘉義縣政府 戀鏈科技 中華科技金融學會	可在合作店家消費後，取得消費金額一定比例的嘉義幣用以下次消費使用折抵，嘉義幣具有減值的時效性，取得後必須儘快使用。此外嘉義幣除了原有的幣圈，也新增加了鏈圈提供生產履歷溯源。
台東金幣	台東縣政府	透過填寫「TTPush 踢一下」App 問卷，即可取得台東金幣，可在合作店家消費，也能繳交台東市的路邊停車費。
達悟幣	DTCO 與民間團體	對在地環境與人文等有貢獻的個人或團體可取得達悟幣，存於蘭嶼永續護照錢包，多用於島上工作交換、觀光休閒與消費。

資料來源：沈中華、王儷容、蘇哲緯（2020a），〈臺灣行動支付發展與歸類探討〉，《存款保險資訊季刊》，第 33 卷第 1 期，2020 年 3 月。

第三章
社區貨幣的國際演化

A local money to stabilize capitalism.
社區貨幣適可緩和穩定資本主義的不良影響。

～～Guillaume Vallet 紀洛姆・巴雷特

第一節　社區貨幣的演化與內涵

一、什麼是社區貨幣

社區貨幣傳統是泛指由特定區域，可能是城市、鄉鎮、地方政府或是民間團體及企業等（而目前的科技發展下更可能為特定虛擬的社群）自行發行的「貨幣」。以此貨幣來進行貨品或服務的交換，用以輔助法定貨幣之不足。在過去數十年中，出現了多樣類型的非屬國家貨幣體系發行之「貨幣」，其中比較廣為人知者，如社會貨幣（Moneda Sociale），地方交易體系（Local Exchange Systems）或平行貨幣（Monnaies Parallèles）。此類社區貨幣具有之共同特色，例如：「貨幣」都是由非中央政府機構，或是非營利組織及民間企業等創造出來的無利息貨幣。其次，倡議這類貨幣發行背景往往是在解決資本主義存在著經濟邊緣化之現象。

社區貨幣的發行、取得與使用，不一定是單純的計價單位，也可能是以時間（如，新北市新店的「花幣」）、勞務（如，參與 921 推動邵族重建獲得的「卡杜幣」）或是技能（如，南投竹山鎮「光幣」以修育竹林）去進行兌換，實現互助精神。2019 年中華科技金融學會推出了高雄幣與嘉義幣，讓社區貨幣在台灣再度浮上檯面。社區貨幣只能在小範圍地區內流通，是法幣的補充品。而且不具有法償效力，因此居民不能用這些社區型貨幣繳納國稅。

社區貨幣最早的推動者與理論基礎來自德國經濟學家吉賽爾（Silvio Gesell, 1862-1930），他提出自由貨幣理論（Theory of Free Money），按照當時的社區貨幣像是早期百貨公司發行的折價券（有時效性），根本意思就是：

(一) 限時交易使用

「貨幣自由流通，透過貨幣的減值與時效性，提高貨幣流速，活絡經濟」，以此將貨幣的功能從「價值儲藏」轉往人類商業行為的「交易媒

介」。

(二) 貨幣不應該被賦予利息

如果社區貨幣可以賦息，將使得富人將貨幣存到銀行收取利息，銀行再將該筆存款拿去給窮人貸款利息，成為階級化的象徵。因此，社區貨幣不該賦予利息。

(三) 鼓勵消費

吉賽爾設計的貨幣具有減值與時效性的效果，也就是如果不每月使用，價值會減少，將使得人們積極消費，去滿足生活的需求，而非追求貨幣的利息，使經濟秩序更加穩定。社區貨幣出現的時點大都在不景氣時，地方政府或社區人民要自救而誕生。（凱恩斯（J.M. Keynes）在其著作《就業利息與一般理論》中曾稱吉賽爾為先知，雖然認為他的理論不夠完備，但從目前國際上面臨負利率的壓力看來，他被稱為先知的確當之無愧。）

社區貨幣係由特定社區或特定群組基於保護地方市場免於受到全球經濟危機衝擊，或提升地方創生動能，而發行、使用和流通的貨幣。由於該類貨幣係以地區信用為基礎，不存在政府機構或國際的保證，不能替代流通貨幣的法定性，也不能成為國際貨幣基金（International Monetary Fund, IMF）認可之貨幣。本地市場的輔助品，其可為小型社區間的交易媒介，促進本土或社區內之簡單貿易，而且當本土經濟進入衰退期或調整週期時，社區貨幣可以發揮穩定地區內經濟的作用（Jevons，1875；西部忠，2001；Powell，2002；Lietaer，2002）。

有些社區貨幣以協助地方經濟的發展為目標，透過對等、再分配、共享、團結和保護區域或地方經濟等方式，來實現經濟一體化（Place And Bindewald, 2015）。有些社區貨幣則更著重於社會融合、環境可持續性或文化多樣性，其他方面則涉及經濟彈性，緩解經濟危機或政治自治[1]。迄今為

---

1 Christophe Place And Leander Bindewald, 2015, Validating and Improving the Impact of Complementary Currency Systems Through Impact Assessment Frameworks, *International Journal of Community Currency Research*, Volume 19 (2015) Section D 152-164.

止，大多數研究偏重於勞動市場、社會環境之個案研究和實務探討[2]，尤其在課稅和帳務創新對經濟和社會影響的真實證據方面，較少一致的推理或實證。社區貨幣除了在實務上一直有所進展以外，研究上亦有如 *International Journal of Community Currency Research* 的專業期刊，從 1997 年開始就持續地發表各種理論與實務的相關研究。

二、過去社區貨幣的實踐

社區貨幣發展主要背景，是因 1929 年 10 月紐約證交所股價暴跌，引發大蕭條，導致失業人數增加，企業和銀行相繼破產。進而促成奧地利的城鎮沃格爾（Wörgl）及瑞士之巴塞爾的社區貨幣（WIR Currency）興起。當時沃格爾市長為解決失業問題，故與當地的銀行與企業合作，給付地區貨幣給失業工人，並讓他們從事社區服務工作，如修建馬路、橋梁等。據稱該實驗讓當地經濟復甦，不過此一社區貨幣已在 1933 年被奧地利政府終止。

日本思想家柄谷行人曾謂：「如果通用貨幣和地方貨幣可以並行的話，就好像為金融體系買了保險一樣，即使世界金融垮台，至少地方還撐得住。」果不其然，2008 年次貸危機後，避開傳統銀行之社區貨幣如雨後春筍般再度出現，估計迄今應已有超過 3,000 個社區貨幣風行全球，尤其在區塊鏈及無所不在之智慧型手機風行下，更是激發近年來社區貨幣的發行風潮。

從催生社區貨幣的重要時序，可了解社區貨幣發展的里程碑：

---

2 參見羅允佳，〈社區貨幣對永續發展價值觀的啟發〉，國立臺灣師範大學環境教育研究所未出版碩士論文，2015 年 1 月；吳明儒、周宇翔，〈台灣時間銀行實施經驗之探索性研究：社會網絡分析的觀點〉，《台灣社區工作與社區研究學刊》，第 7 卷第 2 期，2017 年 10 月，頁 45-96。

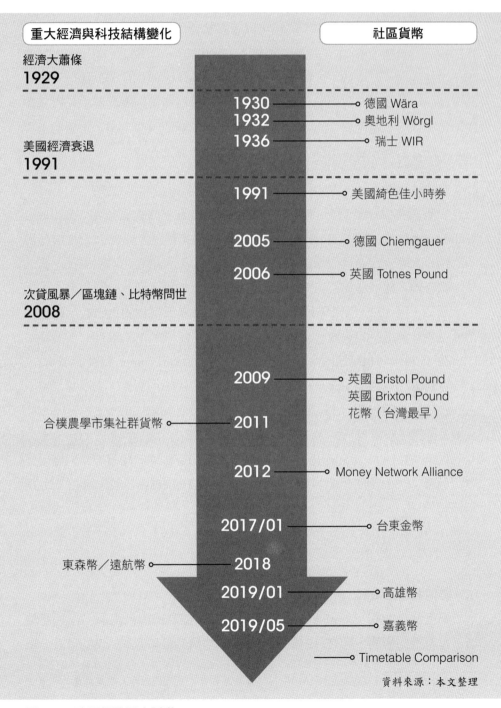

重大經濟與科技結構變化　　　　　　社區貨幣

經濟大蕭條
1929

1930 ── 德國 Wära
1932 ── 奧地利 Wörgl
1936 ── 瑞士 WIR

美國經濟衰退
1991

1991 ── 美國綺色佳小時券

2005 ── 德國 Chiemgauer

2006 ── 英國 Totnes Pound

次貸風暴／區塊鏈、比特幣問世
2008

2009 ── 英國 Bristol Pound
　　　　英國 Brixton Pound
　　　　花幣（台灣最早）
合樸農學市集社群貨幣 ── 2011

2012 ── Money Network Alliance

2017/01 ── 台東金幣

東森幣／遠航幣 ── 2018

2019/01 ── 高雄幣

2019/05 ── 嘉義幣

── Timetable Comparison

資料來源：本文整理

圖 3-1　社區貨幣歷史脈動

每次社區貨幣的演變與發展都可以看到其背後重大經濟與科技結構變化下的種子：包括 1929 年（經濟大蕭條）、1991 年（美國經濟衰退）及 2008 年（次貸危機、區塊鏈、比特幣問世）。之後幾年，我們都可以據以分析社區貨幣出現的背景及其內涵，也可以看到傳統社區貨幣逐漸發展出社群貨幣的演變。以下先就世界各國社區貨幣之發展進行簡要說明；另，由於瑞士與日本之社區貨幣發展規模顯著，將於本章第三節專文介紹。

(一) 德國社區貨幣──Wära

愛爾福特的社區貨幣（Wära）是目前已知最早的社區貨幣（Wära 由 Währung（貨幣）和 Währen（永續性）兩個德文單字所構成），德國在第一次世界大戰後面臨巨額賠款，德國央行透過印製大量馬克以賠償英、法、美等戰勝國，此舉造成百業待興的德國經濟雪上加霜，通貨膨脹嚴重，人民生活艱困。後 1929 年全球爆發經濟大恐慌，發展工業化的美國最為嚴重，德國主要外銷出口的機械與衰退下滑，成為壓垮德國經濟的最後一根稻草。

在 1929 年 10 月德國人 Helmut Rödiger 和 Hans Timm 發明了 Wära，當時在德國巴伐利亞 Schwanenkirchen 小鎮由工程師馬克斯・海貝克（Max Hebecker）在鎮上推行，透過 Wära 成功創造煤礦小鎮的商業復甦繁榮，並且擴及至周遭小鎮。

Wära 的成功，引起德國政府的重視，當時 Hebecker 被指控「未經授權發行鈔票」，但法院拒絕審理此案，原因在於 Hebecker「並未發行法定貨幣德國馬克」，因為 Wära 是一種社區貨幣，並不具有任何法定貨幣地位，不過 1931 年德國財政部仍然禁止 Wära 的發行與流通，小鎮經濟也伴隨著禁令再次走入蕭條[3]。

(二) 奧地利社區貨幣──Wörgl

鄰近的奧地利 Wörgl 小鎮受到日耳曼文化作為德國東南部巴伐利亞地區衛星經濟的影響，也在 1932 年初推出沃格爾的社區貨幣（Wörgl），短

3　本段內容改寫引用自沈中華（2019），《貨幣銀行學：全球的觀點》，新陸書局，第六版，2019 年 6 月。

期內即獲得顯著成效，有助地方失業率下降同時經濟振興，從 20 世紀 30 年代的歷史背景來看，社區貨幣的發展在當時歐洲民風來看即是社會主義的延伸，且社區貨幣的發想者吉賽爾本身也參與巴伐利亞蘇維埃共和國的反政府組織，屬極左勢力，對於才剛在第一次世界大戰戰敗的德國與奧地利兩國人民而言，其深受極端民粹主義所影響，希特勒為首的納粹勢力抬頭，或許才是社區貨幣受到打擊反對的側因[4]。

(三) 德國社區貨幣──Chiemgauer

此一著名的社區貨幣流通於德國東南部巴伐利亞有 50 萬人口的 Chiemgau 地區。基姆湖畔的社區貨幣（Chiemgauer）於 2005 年正式啟用，並在 2006 年起同時以電子化形式存在。Chiemgauer 在以紙幣發行時，面值有 1、2、5、10、20 及 50，且具嚴格的防偽設計。其面值每經過 1 季就會減值 2%，目的是要讓持有紙鈔者儘快支用，亦即增加其流通速度。根據 Chiemgauer 負責人之估算，其流通速度約為歐元的 3 倍。易言之，Chiemgauer 背後哲學是認為貨幣不應是以投機目的持有，而是應該用來消費，且因店家會傾向於跟同樣屬於該地區其他商店交易，故具有活絡當地經濟的效果。參與此社區貨幣的地方企業約有 600 家，店家在收到 Chiemgauer 後，可作為營業或是私人支付用途，亦可將多餘的 Chiemgauer 兌換回歐元，但要損失 5% 的面值。店家在兌換過程所損失的 5%，則被用來支付給地區的社團或公益團體，以創造地區的認同。

(四) 英國社區貨幣──Totnes Pound

英國小鎮 Totnes 在 2006 年發起「轉型城鎮」運動，其中包括托特尼斯鎊（Totnes Pound）的發行，為英國最早推行社區貨幣的地區。當時的推行背景是因為氣候變遷與石油危機影響當地經濟與環境，居民開始思考社區該如何提升地方恢復力、強化城市的韌性。2008 年先後出現國際石油價格飛漲、爆發金融海嘯使得英鎊急遽貶值，英國許多城鎮蕭條沒落，Totnes 憑藉

4　內容改寫引用自沈中華（2019），《貨幣銀行學：全球的觀點》，新陸書局，第六版，2019 年 6 月。

著社區貨幣的使用，將經濟效益留在城鎮中持續循環，保護了地方經濟的發展，避免讓社區淹沒在全球經濟洪流中，也使其居民能持續享有相對穩定的生活品質。

(五) 英國社區貨幣──Bristol Pound

Bristol Pound 號稱是英國最成功的社區貨幣，亦曾被稱為全球最大社區貨幣，其是在 2008 年金融風暴後，由一群熱心人士於 2009 年推出，並由一個非營利性公司（Bristol Pound CIC）聯合 Bristol Credit Union 所經營。其核心宗旨是，鼓勵居民持貨幣於在地消費、改善地方經濟，首要目標即為支持在地、非連鎖的獨立商家，以維持地方經濟的多樣性。目前 Bristol Pound 的使用範圍已涵蓋食衣住行各方面，包含餐廳、服飾店、珠寶店、飯店、電影院、書店等等。甚至連當地的市府稅、商業稅也接受以 Bristol Pound 來支付；部分公司更提供以其支付薪資或分紅的選擇，而市長 George Ferguson 則乾脆將自己的薪資（5 萬 1 千英鎊）全數以 Bristol Pound 支領。

(六) 英國社區貨幣──Brixton Pound

英國倫敦南部的 Brixton 亦於 2009 年開始流通自己的社區貨幣布里克斯頓鎊（Brixton Pound），其中以 10 元紙鈔最受歡迎，因在紙鈔上印製的是出生於當地的搖滾巨星大衛鮑伊頭像。Brixton Pound 與英鎊之兌換比率為 1：1，可於當地商店與郵局買到，然而這些紙鈔不等值，從 5 英鎊至 10 英鎊都有，網路上所販售的價格甚至可能較高，主要是因為貨幣新穎設計，吸引文青族群爭相競標（收藏）。民眾可使用這種貨幣在當地商家進行採買，除了促進當地經濟外，更能提升社區認同。然而目前使用 Brixton Pound 的商店以當地獨立商家為主，而國際連鎖企業大多抱持抗拒態度。

反對 Brixton Pound 者指出其實用性不足，例如經營健身課程的商家表示，他幾年前開始同意採納 Brixton Pound 作為學費支付方式之一，但迄今為止使用的人數並不多。此外，安全的疑慮也導致貨幣普及程度受到限制。然而負責管理之組織表示，紙鈔採用特殊安全紙張列印而成，面額數字部分更由金箔製成，非法之徒想仿造盜印並不容易。英格蘭銀行（Bank of

England, BoE）也表達擔憂，認為這類社區貨幣一旦運作失敗，可能連帶影響民眾對於官方貨幣的信心。但是支持者仍不受各方的疑慮反對所影響，負責管理 Brixton Pound 的組織管理者樂觀指出，隨著脫歐大限即將到來，若英鎊屆時波動劇烈、價值一落千丈，Brixton Pound 便可取代。

(七) 美國綺色佳小時券

1991 年美國紐約州首創社區貨幣「綺色佳小時券（Ithaca Hours）」，以幫助該小鎮中經濟出現問題的鎮民。當時推出的背景是：1980 年代綺色佳小鎮受到經濟衰退的衝擊，而此社區貨幣以「HOUR」命名，目的在於提醒人們錢財來自於他人所付出的時間、技能及體力，回歸勞動價值的核心。因小時券的價值設定為一單位的小時券相當於工作時間一小時，而當時附近地區之平均時薪為 10 美元，故其對等價值為 10 美元。不過，小時券雖然為最低時薪設定了「下限」，但並未設定「上限」，因此如牙醫、律師等原本就高於平均薪資的工作，仍保有索取更多小時券的彈性。

(八) 台灣社區貨幣──台東金幣

台東縣在 2017 年 1 月就已推出台東金幣（Taitung Coin, TT Coin），主要目的在於宣傳縣政。其詳細做法是：首先，民眾下載「TTPush 踢一下」App，台東縣政府透過不定時發送限額問卷，吸引會員填答後以獲得台東金幣；累積足夠數量後可在合作店家消費，亦可以繳交台東市的路邊停車費，或是到富山護漁區等景點則可享入園優惠、每年的熱氣球節搭乘天際航空的熱氣球可享 9 折優惠等。台東金幣的兌換比率為 10 元金幣相等於新台幣 1 元。

台東金幣以台東人的身分證開頭 V，提出「V 型人」概念，不論是住在台東的人或是遊客，只要下載「TTPush」的 App，就是 V 型人，也就是認同台東的數位縣民。目前簽約的商家超過兩百家，會員人數在 2018 年已超過五萬人，2019 年達到十二萬人。縣長饒慶鈴表示，未來希望與高雄市、新北市等有意推動虛擬貨幣的縣市跨域合作。

(九) 台灣社區貨幣——達悟幣

社區貨幣「TAO Coins（達悟幣）」是基於以太幣發行的加密貨幣。近年來蘭嶼觀光爆量的情況下帶來大量的垃圾，達悟幣推行的目的在於希望透過結合深度觀光，觀光客若在蘭嶼島上協助資源回收，可獲得達悟幣作為獎勵且可在島上配合的商店使用。此外，也期望透過達悟幣的推行來扶植傳統文化與蘭嶼的環境永續發展。

(十) 台灣社區貨幣——達悟族芋頭幣

芋頭是蘭嶼重要文化的根，透過認養芋頭田的機制，讓耕種的人得到 Taro Coin（芋頭幣），這種獎勵的機制被稱為「文化採礦（Culture Mining）」，有助於文化延續的行為。每個部落擅長的東西不同，噶瑪蘭擅長編織、蘭嶼擅長文化觀光，透過側鏈上不同功能的社區貨幣，來打造一個文化採礦平台。芋頭幣其技術與應用是建立在側鏈上，記錄一般身分證上沒有的資料，但卻同樣重要的資訊，像是族譜、頭銜、母語證明。

(十一) 台灣社區貨幣——花園新城的「花幣」

2009 年 8 月，在新店花園新城也推行過社區貨幣，發行者賴吉仁夫妻與江慧儀夫婦邀請鄰居組成「花錢幫」，推行在地的「花幣」，發行三種面額：十分、三十分及六十分，紙幣上印了台灣原生種生物，還蓋有社區鋼印以防偽。花幣的成立宗旨是希望透過「花錢」來幫助彼此，讓提供服務者拿到「花幣」作為回饋，在下一次需要幫忙時也能利用花幣請他人協助。

入會時需填上 3 項自己的才能及需要交換的才能，並繳交新台幣 100 元，即可得到 200 分的花幣以與他人交易。要獲得更多的花幣，就得自己去創造交易的機會。社區內的交易五花八門，能以物易物、以務易務、以物／務換花幣，或是混合著新台幣使用。社區貨幣的關鍵價值在於重新找回在地勞動力、活絡社群在地經濟活動，讓現金來源較少者仍擁有享受服務與生存的機會，並強化社群的身心健康與幸福感。

在總體面上，推行社區貨幣並非要讓每個人都脫離主流經濟，而是提供他們另一個選擇。有助於提升在地的經濟韌性，降低與全球景氣的牽連。雖

然花幣因發起人搬離社區而終止，但發起人仍十分肯定社區貨幣的益處，更在新的社區中醞釀著下一波社區貨幣的推行。

三、社區貨幣的經濟特色

社區貨幣具有以下經濟特色：

(一) 在地使用，活絡經濟

在資本主義的設計下，資源會流向給予高報酬的地方，如人才會由鄉下流向都市、存款也會從鄉下的分行流向設在大都市的總行，貨幣亦是如此，故在美國有「社區再投資法案」（Community Reinvestment Act, CRA），要求銀行將 30% 的存款留在當地，但貨幣仍流向大都市，資本主義卻束手無策，故透過社區貨幣的使用，鼓勵貨幣留在當地，有效活絡在地經濟，一切經濟行為與交易媒介都是在社區內進行流通。

(二) 新型態貨幣寬鬆，創造消費

貨幣數量學說（Quantity Theory of Money）指出 MV=PY，其中 M 為貨幣，V 為流通速度，P 是物價，Y 為實質 GDP，社區貨幣的設計是鼓勵消費，且由於社區貨幣會隨時間有減值的情況，迫使社區貨幣持有者會儘快消費，故消費上升，不像傳統法定貨幣具有價值儲藏的功能，此外，減值具有大幅加快貨幣流通速度（V）的效果，有助於經濟成長，與傳統貨幣政策注重貨幣的上升不同。

(三) 不造成政府財政負擔

社區貨幣的發行多是透過民間機構與單位進行發行，政府不需舉債或是進行財政擴張行為。在 2009 年，政府為挽救深受 2008 年金融海嘯所衝擊的台灣經濟，因此發行等值新台幣 830 億的消費券贈與人民，合計舉債達到 850 億元（中間 24 億元差額，來自消費券發行額外成本，包括發行印刷、對於民眾諮詢領取、保存以及回收甚至於發放作業），是高額的財政負擔。

(四) 社區貨幣用在消費

當美國於 2009 年採用量化寬鬆的貨幣政策時，雖然增加的貨幣一部分被用在實體經濟的投資與消費，但另一部分被用在投機，如投機股票、房地產、石油與黃金等，造成實體經濟復甦緩慢，但金融資產價格爆升。

(五) 社區貨幣數位無實體化

透過區塊鏈技術的加密有效將社區貨幣造假可能性降低，並且透過行動裝置即可通知貨幣持有者，何時需用完，根據貨幣數量學說而言，也是大幅加快貨幣流通速度的推力。

(六) 凝聚社區共識

法定貨幣的發行是由政府及法律所強制發行與使用，社區貨幣的發行與使用，是透過社區居民的認同與信任而去使用，對於扶貧以及在地發展更有效果。無論這些貨幣如何流通，這些交易行為所產生的價值都將回饋到社區的居民本身。

四、社區貨幣組成之元素

表 3-1　社區貨幣三大元素

社區貨幣元素	項目	貨幣種類
發行動機	活絡當地經濟	綺色佳小時券（1991/美國經濟衰退） Bristol Pound（2009） Brixton Pound（2009） 花幣（2009）
	擺脫全球景氣之牽連	奧地利 Wörgl（1930s/大蕭條） Totnes Pound（2006/石油危機）
	強化社群連結	合樸農學市集社群貨幣（2011） 東森幣（2018） 遠航幣（2018）

社區貨幣元素	項目	貨幣種類
產生方式	法幣兌換	英國 Brixton Pound 德國 Chiemgauer
	實體交易／公益	綺色佳小時券 奧地利 Wörgl 嘉義幣、高雄幣 合樸農學市集社群貨幣 東森幣、光幣、台東金幣
	ICO	達悟幣 遠航幣
貨幣形式	實體貨幣	奧地利 Wörgl 英國 Brixton Pound 花幣
	數位貨幣	綺色佳小時券 達悟幣、竹山光幣、東森幣 遠航幣、高雄幣、嘉義幣 台東金幣、合樸的社群貨幣
	實體和數位兼具	德國 Chiemgauer 英國 Bristol Pound

(一) 發行動機

在全球化的影響下，各國透過貿易、投資、與人員的密切往來，已形成休戚與共、福禍同當的緊密關係，當全球經濟出現問題、發生危機時，地方經濟便會與之連動，連帶遭受衝擊。發行社區貨幣旨在為個別社區增添其所在國家單一貨幣制的多樣性，活絡社區當地經濟並擺脫全球景氣之牽連，甚至進而強化社群連結。

以總體面而言，社區貨幣可以提升在地方經濟的獨立性，使之擺脫資本主義的操控，不易受全球景氣的牽連；以個體面來看，社區貨幣則能促進個

人各盡其能、各取所需，讓許多在主流機制中不被重視、沒有市場價值的小型勞務或商品，能在社區交易中產生價值，透過嶄新的交易模式，擺脫主流金錢遊戲中所隱藏的功利和剝削，並強化社群連結。

(二) 產生方式

社區貨幣的產生方式分成以法幣兌換、實體交易／公益、透過首次代幣發行（Initial Coin Offering, ICO）的方式發行。以下各以一例說明：德國社區貨幣Chiemgauer必須用法幣—歐元以 1 對 1 比率兌換；美國「綺色佳小時券」是以勞務工作時間一小時為單位兌換其所發行的小時券，相當於傳統時薪的概念；蘭嶼達悟幣則是利用區塊鏈技術建立達悟族人的數位身分，並以 1 ETH（Ethereum，以太坊）的價格兌換 1,000 達悟幣，所有的發行及交易資料將被記錄在以太坊區塊鏈上，被永久保存且不能被竄改與偽造。

(三) 貨幣形式

社區貨幣發行的形式有以實體紙幣發行、數位電子化的貨幣發行，或是同時兼具兩者特性之方式發行。以英國的 Bristol Pound 為例，除了發行傳統的紙幣外，也推出電子化支付系統，方便現代人使用手機支付。多元化的貨幣形式及新的交易方式，替使用者排除生產或交易的困難，重新連結人與人之間的互助互惠精神，回歸以人為本的價值。

五、現今社區貨幣的發行功能

有學者認為引入社區貨幣的目的有：(1) 重建社區和振興交流；(2) 支持公民活動和建立參與性的行政體系；(3) 振興地方經濟；以及 (4) 振興區域經濟（西部忠，2001；Blanc，2011；Seyfang，2006）。

就社區貨幣動機發行而言，瑞士 WIR 貨幣，最初以幫助中小型企業獲得貸款資助為目的。美國「綺色佳小時券」（Ithaca Hours）旨在強化社區認同感，而英國「布里斯托鎊（Bristol pound）」目的則以改善當地經濟，讓財富留在當地。

綜觀現今社區貨幣的發行功能，可分為下列四種：

(一) 福利互助型社區貨幣

在人口高齡化和出生率下降的現狀下，正在開展各種活動，以「實現新的接觸社會」為目標。特色是由志願者組織開展的社區合作。例如：日本和歌山縣田邊市和歌山縣 NPO 健康促進協會 2003 年 1 月發行的「紀州券（きしゅう券）」。

(二) 時間銀行型社區貨幣

參與者可以使用獲取的時間來獲得所需的服務。通常提供一小時的服務獲得一單位的計時貨幣。除了會員之間的服務交流外，進而減少該地區的犯罪，改善居住環境，促使社區創生。例如：美國紐約州湯普金斯郡（Tompkins County）最大都會區綺色佳（Ithaca）鎮在 1991 年開始發行的「綺色佳小時券（Ithaca Hours）」。

(三) 公益貨幣型社區貨幣

參與者於交換各種社區服務時使用公益貨幣（Ecomoney），旨在透過公益貨幣的流通來振興社區經濟。例如：日本青森縣公益貨幣 LASSE（ラッセ）俱樂部 2002 年 11 月發行的「LASSE」，同時也導入 IT 記帳簿。

(四) LETS 型社區貨幣

參與者本著對社區共識，基於相互的合作，將提供的服務轉換成社區資金（Community Money）並進行交易結算。藉以促進社區再造，同時活絡地方經濟。例如：加拿大不列顛哥倫比亞省維多利亞社區的 VicLETS（the Victoria Local Exchange Trading System）。

第二節　社區貨幣的貨幣學理[5]

傳統法定貨幣還是有它的優點和缺點，優點很多，如：交易的媒介、價

5　本文改寫自沈中華於〈2019 中華科技金融學會年會〉演講內容，台灣金融研訓院，2019 年 6 月 25 日。完整影片內容請見網址：https://fb.watch/v/2gfRU_YE8/。

值的儲藏與計價單位。但是，它也有幾個缺點，像通膨的時候，法定貨幣會減值。匯率變動上，像 2020 年的中美貿易大戰，我們的新台幣是否跟著中國大陸人民幣連動而貶值是一個問題。那當海外資金回流台灣會使新台幣升值，這又是另外一個問題。但是，在貨幣貶值的過程中如果持有貨幣，則民眾就會受損。還有，如果當國家主權債務有違約（Default）的情況，那麼你持有的貨幣就可能會突然地貶值（即持有價值減少）。

一、主流經濟學加速區域發展不平衡

主流經濟學家沒有提到一個問題，它加速了區域經濟發展不平衡，2019 年 5 月，IMF 主流經濟學學者馬丁沃夫（Martin Wolf，英國《金融時報》首席經濟評論員）提出了一個看法，他說主流經濟學失敗了，我們該如何做？其中強調作為主流經濟學基礎的公理性假設是一個存在於想像中的世界，在「那個理想的世界中，人都是理性的，市場是有效的，一般均衡終會實現。」馬丁沃夫坦承：「現在看來，是主流經濟學失敗了。」主流經濟學低估自由化對貧富差距的影響，他的原文：「The Fund also makes mistakes, not least because it is heavily influenced by the conventional wisdom of professional economists and powerful countries. It seriously underestimated the perils of financial liberalization, both domestic and external.」[6] 他說，我們的失敗，傳統教科書都沒有辦法解釋，在自由經濟這麼盛行的時候，我們應該會越來越富有，然而現實卻不是如此，問題在我們忽略了貧富差距的影響。

貧富差距的影響在 2008 年全球金融海嘯後越嚴重，看一下 2010 年在北非突尼西亞所發生的「阿拉伯之春」運動，雖然這不一定完全是貧富差距所造成人民的反抗，但是，它是一個很重要的因素；另外，2008 年金融海嘯後，世界各國吹起階級抗爭，最有名的就是 2011 年「占領華爾街」（Occupy Wall Street）運動口號：「我們是 99%（We are the 99%），另外一批人是 1%，我們是 99%，最富有的是 1%。」

---

6 The IMF Today and TomorrowTo meet future challenges, the IMF must have strong backing from its members Martin Wolf, Finance & Development, June 2019, Vol. 56, No. 2.

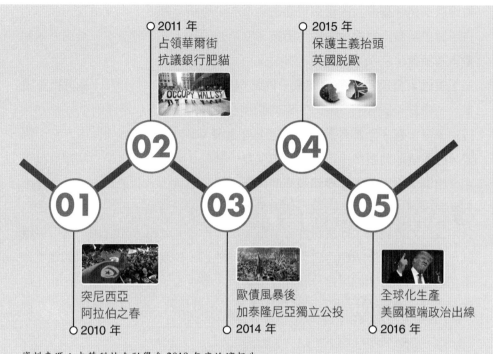

資料來源：中華科技金融學會 2019 年度論壇報告

圖 3-2 2008 年金融海嘯後，世界各國吹起階級抗爭，「我們是 99%」

　　貧富差距是過去鼓吹自由貿易（Free Trade）主流經濟學家自己都沒有考慮的結果，在沒有拿出具體的辦法下，只有一些短暫或過於簡化的解決方式，其中最簡單的一個想法就是「課稅」，可是課稅真的有用嗎？我們可以看到在目前社會中有很多「合法避稅」或是「非法逃稅」的手段方式，這正是目前我們所知道「法定貨幣」的缺點，而「社區貨幣」相信會是一個不錯的選項，因為後者很好地補充了前者的不足與缺陷。

二、社區貨幣補足資本主義與法定貨幣的漏洞

　　1970 年代末美國提出了「社區再投資法案」（CRA），就是一個補救方案，我們想像，如果，現在生活在美國阿肯色州（Arkansas），一個很窮的州裡面，當我們在阿肯色州的美國銀行（Bank of America, BoA）存錢，

最後這筆錢會有很大的機率流回紐約市的美國銀行總部，也就是說，你存的錢會運用到最富有的地方去，因為，它給的報酬（或是收益率）最高，這就是資本主義。

　　美國人自己也意識到這樣子的情況不太對，因而提出「社區再投資法案」，也就是說要有 30% 的存款運用在當地，銀行不能將所有的錢都拿到紐約、洛杉磯、芝加哥等大城市。而在台灣 GDP 較低的鄉鎮縣市。它面臨了什麼嚴重地問題？「人才外流！」為什麼呢？因為人才也是一個經濟投入生產因素，投入因素要得到最高的報酬（或是薪資），而最好的地方就是來到台北、新竹、高雄、台中這些大都會。留在家鄉當地，縱然他有滿腔的抱負也沒有地方發展，即使課他少一點稅，也不會有效果。如何用一個市場機制，把他留下來？貨幣也會流到最富有的地方，錢是流通的，所有的錢不會留在偏遠的地方，如果錢分布在很多區域，像台東、高雄、屏東、台北，你會發現錢大多留在台北，尤其在那邊流通速度很快，而在台東流通速度很

貨幣 貨幣追求高風險與高回報	隨著近代金融市場的開放與科技技術的加入，讓貨幣成為少數人的投機工具 有錢人可以舉借更多的貨幣去擴大他的財富，只因貨幣脫離了實體經濟
商品 流向城市，放眼市場	從偏鄉往城市流動，牽涉許多中間商，造成商品產銷附加成本過多形成剝削的負面影響
人才 磁吸效應，人才流向城市	受到全球化與交通發達的影響，優質人才的流動也更加快速造成偏鄉地區高齡化與財政赤字

資料來源：中華科技金融學會 2019 年度論壇報告

圖 3-3　資本主義與法定貨幣的漏洞

慢。而且，拿到大部分的錢，都會用在台北市的頂級商場或是商業區進行消費。實際想想看，這會造成什麼現象？所有的生產因素都會從地方流到了大都會，這個就是資本主義的特性，我們不能回頭走社會主義那樣強制限制的手段，因此我們強調要用市場機制的方式，留住資本，留住人才。

三、社區貨幣活絡區域經濟

由於社區貨幣可以活絡區域的資源形成穩定的內部循環，如表 3-2。漸而不讓貨幣形成漏損（Leakage）的現象，漏損在國際貨幣理論通常是指貨幣流到國外，像是國際收支帳當中的進口，只是我們忽略了，就一個國家內部來講也會有同樣的問題，城市和城市之間就像是國和國之間一樣，錢流出去購買其他城市的商品，是不是很類似一個國家向外國進口的概念呢？然而經濟研究領域通常並沒有在這方面進行相關數據的研究和蒐集，因此我們也只能坐視它發生。

表 3-2　社區貨幣活絡區域經濟

社區貨幣的發展具有主動性	地方居民對於社區貨幣更有地方認同，凝聚同時對於地區大小事也更有關懷	例如：獨居老人、殘疾人士等皆可以有更好的生活條件
活絡區域資源	採取以地區活化為本位的經營設計，達到經營者獲利，同時又創造社區共享與環境保育的「活化地方企業」	一切以地方發展出發，不以追求最大獲利為目標
形成穩定的內部經濟循環	將地區所擁有的獨特天然、人文與服務資源給妥善利用	達到自給自足的均衡情況，經濟穩定發展
不受外部資本侵略	外部資本的發展模式是藉由存量去進行剝奪式侵略小型經濟體的偏鄉地區，不利於此經濟模式	但是社區貨幣側重的是利用流量與流速去改善經濟

當一個地方越來越貧窮，就只能對富有的地方課稅以改善解決這樣的問題嗎？這樣子其實無法解決問題的根本，當然也無法解決貧富差距，因此，在這樣的背景下，我們的企業應當勇於承擔社會責任，探討是否能否藉著社區貨幣的發展，發揮對於社會社區事務主動性，建立正向循環，協助落後地區變成世界的桃花源。或許就像陶淵明在《桃花源詩》中所提及「嬴氏亂天紀，賢者避其世」，社區貨幣的發展就如同桃花源般，給予遭受資本主義剝奪的人民，一個穩定的力量。

四、社區貨幣的「貨幣數量學說」

傳統的法定貨幣有一個「貨幣數量學說」，簡稱叫 MV=PY，所有的貨幣政策注重的是 M，就是以降低存款準備率提供 M 把貨幣供給增加，右邊 P 和 Y 增加，名目 GDP 就會增加。圖 3-4 第一個圖形 MV=Food+Asset，那 PY 可以拆成兩部分，一個是用於商品貨幣，還有用於資產貨幣，相對商品，資產貨幣很小，所以沒有大問題。可是 2008 年的 QE 後，讓第二個圖形的資產膨脹了（下一行的最右邊），也就是說，貨幣都被投機用來做在什麼？投機炒作在黃金、石油、做金融資產（有別於過去擴張內需帶動經濟投資與消費，QE 量化寬鬆就是讓美元泛濫，在長期低利環境下，虛擬經濟擴張，造成資本市場泡沫與科技公司坐享高本益比或是本夢比，大肆收購，形成寡頭的局面。）

所以，我們可以看到黃金價格飆漲，從每盎司 1,300 美元飆升至 1,400、1,500、到了最高點的 1,600 美元；飆漲石油亦是如此？當然，最近美國和伊朗的戰爭是另外一回事，2019 年當時還未爆發新冠疫情，就有人預測石油價格可能會到每桶 100 美元的價格，100 美元是什麼概念？當時 1980 年石油價格只有 30 美元，1970 年代爆發第一次石油危機，當時石油價格每桶只有 5-6 美元，可見傳統理論的現實面：資金常被用來投機，不是投資，伴隨金融衍生工具與期貨市場的發展可能加劇此現象。

社區貨幣的產生最重要的原則是：怎麼樣利用社區貨幣加強貨幣的流通速度 V，在 MV=PY 之下，M 並沒有變化多少，但是 V 的速度大幅度增

圖 3-4　貨幣數量學說

加，當速度大幅度增加，PY一定是增加的，名目 GDP 就會增加。最主要的原因：跟傳統 1929 年德國社區貨幣 Wära 設計一樣，如果不在一定時間內消費，這個社區貨幣就會隨一定時間內減值，這跟法定貨幣不同，它強調的是與法定貨幣產生互補作用，而且不用花費政府很多的財政支出，就能照顧比較基層的民眾；2019 年初發展的高雄幣，就是類似的觀念，強調讓貨幣流動速度增加。

五、社區貨幣與消費券比較

　　整理前面所提到的社區貨幣有二個機理、三個特色；機理上：(一) 依時間減值以促進貨幣流通速度，(二) 活絡區域的資源、形成穩定的內部循環以降低漏損。另外有不具有價值儲藏功能、參與者自發動機強烈而且一般不會造成通貨膨脹的三個特性，我們也可以拿 2009 年政府所發行的消費券與近來引起討論及關注的高雄幣（社區貨幣）進行比較（見表 3-3），不論在區

域效益、財政負擔、參與限制與發行成本上，社區貨幣憑藉著它的機理與特性，不但降低政府的負擔，更能照顧到基層的民眾。

表 3-3　社區貨幣與消費券比較

社區貨幣／高雄幣	比較	消費券
封閉運用並限定使用區域，更加有助於偏鄉經濟發展	區域效益	消費券沒有限定地點，大眾易在都市使用，不利鄉村發展
是由商圈店家在交易中主導與發行，不涉及政府支出，不會造成地方政府財政負擔與赤字	財政負擔	中央政府舉債 850 億發放消費券
不論店家或攤商及消費者直接受益，普惠性更高	參與限制	收受消費券的商家須經過營利事業登記，如果為攤販只能作為購買原物料的貨款支出，衝擊小攤販營業流動性，不普惠
數位貨幣型態去實體化，額外成本相對低	發行成本	消費券為紙本形式，對於民眾諮詢領取、保存以及回收甚至於發放作業都是龐大額外支出

第三節　社區貨幣在瑞士和日本

一、社區貨幣在瑞士

(一) 瑞士 WIR 社區貨幣的成形

　　社區貨幣的發行，公認為是建立在 1916 年德國古典經濟學家，吉賽爾（Silvio Gesell）所提出的自由貨幣理論。

　　其後，在 1929 年世界經濟大恐慌時，為了輔助地區法定貨幣供給之不足，促進地區消費，振興地方經濟的復甦，而率先由德國民間推出社區貨幣 Wära。由於成效卓著，迅速普及至歐美各國。主要的原因是由於 1929 年美

國引發世界經濟大恐慌，進而惡化為經濟大蕭條的受害國，都集中在歐洲和
英美主要國。

不過，1929 年起歐美發行社區貨幣的普及，在 1937 年美國羅斯福總統
推行新政（The New Deal），禁止社區貨幣發行與流通。歐洲各國央行也同
步禁止社區貨幣的發行與流通，第一次歐美社區貨幣發行風潮因而宣告終
結。

然而，第一次歐美社區貨幣發行風潮中，所有歐美的社區貨幣都在
1937 年終止發行與流通。唯獨 1934 年瑞士 WIR 信用合作社（以下稱為信
合社），在 1936 年依據銀行法取得銀行執照[7]，以 WIR 銀行為名，發行
WIR 社區貨幣迄今。

(二) WIR 銀行發行社區貨幣的轉型過程

如前節所述，1929 年世界經濟大恐慌的衝擊下，瑞士經濟亦因而陷入
谷底。為期因應，瑞士政府採取與歐洲各國相同對策，包括：設立進口障礙
防止資本流出、限制與國外之金融交易。然而，此種保護國內經濟的措施，
反而深化經濟危機，導致失業問題惡化，法定貨幣流通量不足，導致出口
及觀光額驟減。面對政府不當的政策，瑞士民間為數約五萬位吉賽爾自由
貨幣理論的信徒中，以吉曼（Werner Zimmermann）與恩茲（Paul Enz）為
首，於 1934 年 10 月設立 WIR 信合社，會員 16 人，資本額 4 萬 2 千瑞士法
郎。1936 年依據銀行法於巴塞爾設立 WIR 銀行，以中小企業為會員，會員
數增至 3 千人。並以無支付利息的 WIR 社區貨幣[8]，提供會員進行交易，輔
助法定貨幣流通不足，透過 WIR 銀行推動經濟圈（Economy link、Economy
Circle），活絡地區經濟。其後，隨著客觀環境的變化，WIR 銀行也隨之進
行營運模式、業務方向的改變，以便與時俱進，並且堅持創業當初經濟圈

7　迄目前為止，全球 3 千餘社區貨幣中，唯獨瑞士 WIR 社區貨幣係由取得銀行法執照，依據
　　銀行法發行。此外，近年來日本信用合作社發行 IC 卡及行動支付式，則為依據預付卡法
　　（即我國的電子票證業務管理條例）而發行。

8　瑞士吉賽爾自由貨幣理論信徒 Zimmermann、Enz 認為，1929 年瑞士當局因經濟大蕭條採取
　　貿易壁壘障礙，表面保護國內經濟，實則導致失業惡化，法定貨幣流通不足。因此決定發
　　行社區貨幣以資解決。

即自由貨幣的友愛經濟理念。WIR 銀行由信合社轉型為銀行，過程重點如次：

1. 1934-1952 年：堅持經濟圈理念期

- WIR 社區貨幣的發行係基於吉賽爾自由貨幣的理念，為紙幣型態，僅限於會員間進行交易之用，原則上不支付利息，WIR 社區貨幣並採取定期減值方式，且有使用有效期間 1 年限制。

- WIR 社區貨幣秉持吉賽爾自由貨幣（減值貨幣）的理念，可以避免遭到持有人囤積貨幣，進而加速貨幣流通，有利經濟成長。此一經濟圈（link）的理念，對於當時瑞士蕭條不振的經濟極有助益。

2. 1952-1988 年：脫離自由貨幣以備轉型銀行

- 1952 年 WIR 銀行停止發行減值紙幣型社區貨幣，正式脫離吉賽爾自由貨幣減值理論。1958 年並准許中大型企業加入為會員，以利會員成長。

- 並且依據銀行法規定，接受銀行業自有資本比率規範，保持法定比率，維護銀行信用，以利轉型銀行。

3. 1988 年-迄今：WIR 變身銀行仍維持經濟圈理念

- 1988 年以來，隨著世界第二次社區貨幣新風潮，資訊科技的研發，經濟社會情勢的變化，WIR 銀行審時度勢，全盤加以因應。

- 1992 年經濟圈引進新資本，將 800 萬法郎的合作社資本在 WIR 社區貨幣交易所交易，獲得 1,500 萬法郎的自有資本。1995 年引進綜合用途卡（Combi Card），並引進付息支存帳戶。

- 1998 年則引進年息 4% 以上的儲蓄存款帳戶，WIR 銀行營運已與一般銀行無異。然而，乃採會員制，以 WIR 社區貨幣與會員形成經濟圈。

歸納上列 WIR 銀行發展的過程可知，WIR 銀行原來以經濟圈理念在銀行法規範下，仍以信合社營運模式堅持吉賽爾自由貨幣理念，而成為名符其實的合作銀行。

嗣以瑞士金融經濟社會環境的變化，WIR 銀行利息體制的引進，資本

（股本）的配息，儲蓄帳戶的開設等，WIR 社區貨幣減值的廢除等。WIR 社區貨幣已脫離自由貨幣的減值理念，而採取以銀行為營運模式。然而營運上仍以中小企業為往來對象，仍然保持「經濟圈」的理念。

(三) WIR 社區貨幣的營運架構

瑞士 WIR 銀行源於 1934 年由 16 家中小企業，合組 WIR 信用合作社，1936 年依銀行法取得銀行執照，易名為 WIR 銀行。1936 年即由信用合作社依據吉賽爾自由貨幣理論，發行 WIR 社區貨幣。1930 年中德國、奧地利、美國各國政府以中央銀行為主，均認為貨幣發行為中央銀行權限加以禁止，唯獨瑞士央行因屬聯邦組織，對於 WIR 社區貨幣的發行，認為其僅限於會員間流通，對於法定貨幣並無影響，並且有輔助法定貨幣流通不足，以及活絡地區經濟的功能。因此，央行不但准其發行流通，甚且可依銀行法辦理 WIR 社區貨幣存放業務。

嗣以 1980 年代初，歐美主要國基於全球化，大企業多國籍化，連鎖商店普及化下，偏遠地區中小型企業無力競爭，造成倒閉風潮，失業率急速上升，消費力驟減，金融經濟因而大幅衰退。為期因應，歐美各國民間業者再度依據吉賽爾自由貨幣理論，發行社區貨幣，而造成第二次世界發行社區貨幣風潮[9]。當時瑞士 WIR 銀行發行的 WIR 社區貨幣仍然持續流通中。不過，WIR 社區貨幣已廢止減值紙幣而改採支票及 IC 卡方式，已然脫離吉賽爾自由貨幣理念，而且 WIR 社區貨幣的發行流通已遍及瑞士各州，與法定貨幣形成競合關係。因此，瑞士監理當局乃提出質疑其合法性。惟監理當局與瑞士央行再三研討後，以 WIR 社區貨幣發行金額不過等值 7 億瑞士法郎，僅占 GDP 0.8%，以及對於地方的法定貨幣流通不足有輔助功能為由，仍然准許 WIR 社區貨幣發行與流通。

迄 2000 年代，WIR 銀行陸續開放個人支息存款業務，辦理一般銀行瑞士法郎放款相關業務，而與一般銀行無異。不過，WIR 銀行仍持續發行管

9　經驗顯示，每次世界發生金融危機後，百業蕭條，失業率急速上升，地方的法定貨幣流通嚴重不足。為解決此一問題，社區貨幣的發行流通即告出現。此後一旦經濟復甦，社區貨幣多數即告停滯或消失。

理 WIR 社區貨幣，且為世界所僅見採 B2B[10] 社區貨幣營運模式的經濟圈理念銀行。因此，其營運架構也獨具特色，可列示如圖 3-5。

依圖 3-5 所列，可擇要說明如下：

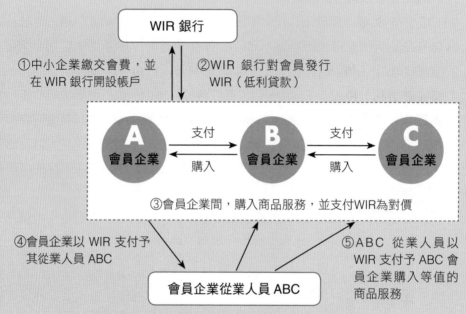

資料來源：Stude, WIR and The Swiss National Economy, 2016.

圖 3-5　WIR 社區貨幣營運架構

1. 瑞士中小企業前往 WIR 銀行（目前 WIR 銀行全國設有 7 家分行）開設 WIR 社區貨幣帳戶。
2. 中小企業若有資金需求時，可以申請貸款，款項撥放為 WIR 社區貨幣，利率低於 1%[11]（一般瑞士法郎貸款為 3% 左右）。
3. A 會員貸款後，可以 WIR 社區貨幣向 B 會員支付，作為購物之用。B 會員取得 WIR 社區貨幣後，亦可向 C 會員購物並以 WIR 社區貨幣支付。

---

10 B2B 指社區貨幣貸放、匯款均以企業對企業為對象。

11 WIR 銀行對中小企業極低利率以 WIR 社區貨幣貸放，結果導致銀行貸放利息趨低。

4. 中小企業會員可以WIR社區貨幣支付予從業人員，作為薪資或獎金。

5. ABC 中小企業的從業人員，可以取得的 WIR 社區貨幣，向會員商店進行購物消費支付之用。

經由上列架構，WIR 銀行所發行的 WIR 社區貨幣，可經由低利融資，協助企業創業擴廠時所需設備、材料、勞力，可向其他會員購入，並以 WIR 社區貨幣支付。如此一來，遍布瑞士的 7 萬中小企業會員（占全體中小企業 20%），得以形成經濟圈[12]，藉以凝聚共識，推動友愛合作經濟。同時，企業獲利，得以 WIR 社區貨幣支付員工，最後建構成為促進境內循環消費模式。據悉，瑞士全國中小企業占有 80%，而 80% 中的 20% 均已加入 WIR 銀行為 WIR 社區貨幣的會員，迄今設立 85 年，目前有意加入 WIR 銀行為會員的中小企業，仍在穩定成長中。

(四) WIR 社區貨幣創造世界新經濟

1929 年世界經濟大恐慌，歐美主要國受到衝擊下，經濟深陷大蕭條中難以自拔。歐美各國採取財政政策外，民間則依據吉賽爾自由貨幣理論，發行減值社區貨幣。對於地方經濟復甦，成效立見，然均以央行禁止而告終止。唯獨瑞士當局認為 WIR 社區貨幣發行流通，可以輔助法定貨幣之不足，協助地方中小企業順遂營運，有助經濟復甦，WIR 社區貨幣因而得以在第一次世界社區貨幣發行風潮後，持續成長至今。

1980 年代歐美為主各國為振興經濟，民間政府合作下推動第二次社區貨幣發行流通風潮。期間發行社區貨幣型態多有參酌 WIR 新社區貨幣，以便因應世界金融經濟社會環境，特別是 IT 科技進展所產生的變化。1990 年東西德統一，1991 年蘇聯解體，共產主義式微，全球轉向資本主義。當時，美國華爾街為主，利用美元為國際貨幣的優勢，藉由外匯期貨選擇權進行槓桿投機交易，銀行各亦脫離本業，以投資融資方式積極參與。並透過電腦科技載具的便利與普及，在全球以貨幣為商品進行投資甚至投機交易，全

---

12 瑞士 WIR 社區貨幣不但使用者眾多，而且還跨越數州流通，迄今已近 80 年，為世界所僅見。

球宛若賭場（Global Casino）[13]。其後 1997 年東南亞金融風暴、1998 年 10 月 LTCM（Long-Term Capital Management，美國長期資本管理公司為美國一避險基金）破產、2008 年 9 月次貸危機，世界金融經濟危機頻繁出現，且危機影響層面益趨巨大。

自 1980 年末迄今頻發的金融經濟危機，在各國政府當局協調因應下，逐漸獲得紓緩。然而，面對 1980 年代以來金融經濟危機，日益嚴重的衝擊，諸多專家學者，特別是吉賽爾的信徒透過研究分析，證實社區貨幣的發行流通地區，得以免於國際投機客造成金融經濟危機的衝擊，且有助於危機衝擊後，地方金融經濟的復甦。研究並指出，以銀行或信合社等金融業發行社區貨幣成效最為卓著。研究均以瑞士 WIR 銀行發行 WIR 社區貨幣為例進行分析，結論並指出，社區貨幣的普及有助於資本主義的穩定（A local money to stabilize capitalism），特別以 WIR 銀行成效最佳。甚且形成新型經濟，即所謂經濟圈（Create a new kind of economy, as well as new ways to develop social links. Guillaume Vallet）。[14]

二、社區貨幣在日本

(一) 淵源

1980 年代日本景氣鼎盛，金融經濟冠全球。相形之下，歐洲特別是美國，經濟相對低迷。偏鄉地區出現法定貨幣發行不足，失業者眾，地區經濟惡化，問題益越嚴苛。為期改善，歐美各國乃參酌 1929 年第 1 次發行社區貨幣的經驗，再度發行社區貨幣，型態目的多樣化，形成第 2 次發行社區貨幣風潮。

面對歐美兩次社區貨幣發行風潮，日本民間及學界於 1990 年開始研討社區貨幣。其間德國經濟學家恩德（Michael A. H. Ende）[15] 透過日籍夫人佐

---

13 日本經濟新聞，2021 年 2 月 22 日。

14 Guillaume Vallet, *A local money to stabilize capitalism: the underestimated case of the WIR.*

15 Michael A. H. Ende（1929-1995），為德國兒童文學作家，其日籍夫人佐藤真理子為翻譯家。

藤真理子（Mariko Sato），將吉賽爾社區貨幣理論[16]譯介日文，並在日本
出版。因而引發日本吉賽爾研究風潮。1990 年代下半起，日本泡沫經濟破
滅，地方經濟首當其衝。加上 1995 年神戶大地震之契機，1998 年頒布《促
進特定非營利活動法》，促使日本公民活動活躍起來。適以 1999 年 5 月日
本 NHK 電視數次播出《Ende 的遺言》專集，引介吉賽爾社區貨幣理論，以
及歐美社區貨幣發行概況之後，1999 年日本滋賀縣為推展地區觀光，草津
區推出日本首創的社區貨幣，成效立見。此一成功案例加上 NHK 媒體的數
度報導，乃造成日本社區貨幣發行風潮。自 1999 年中起迄 2002 年社區貨幣
發行即達 300 案例。迄 2005 年全日本的社區貨幣發行，高達 3,000 案例[17]。
惟，案例雖多，規模均小。全體案例平均人數多在 300 人左右，其中 6 成以
上，人數均在 100 人以下。

　　嗣以發行社區貨幣的民間團體體制不健全，發行流通管理的成本負擔過
重，成員認知不足，法律稅負規範不明確，造成社區貨幣發展停滯。2008
年金融海嘯雙重打擊下，迄 2010 年代初期，絕大部分的社區貨幣或解散或
停止營運，導致日本社區貨幣發行流通案例急劇減少至數百案例[18]。影響之
下，加上日本少子化、高齡化問題惡化，導致日本偏鄉地區金融經濟日益低
迷不振。

　　有鑑於此，日本當局乃於 2014 年設置「地方創生部（地方創生擔當大
臣）」[19]，編列預算協助地方政府推動社區貨幣。同時，自 2010 年起，金
融科技的進展，以支付為主的電子化創新，電子載具的普及。傳統以紙幣型
為主的地區貨幣電子化，地區得以發行成本低廉、管理便捷的電子社區貨
幣。復以原以發行公益型社區貨幣（Ecomoney），多數轉型為促進消費振

16 德國古典經濟學家吉賽爾（Silvio Gesell, 1862-1930）於 1916 年出版《自由土地與自由貨幣
　 的自然經濟秩序》，其自由貨幣為減值貨幣，在 1929 年廣為流傳。

17 新谷敬，〈シリーブ地域活性化に挑む〉，ニューリーダー，30 卷 1 號，2017 年 1 月，頁
　 61-63。

18 Ameba，〈地域通貨の現状について〉，2018 年 4 月。

19 日本於 2014 年通過「町、人才、工作創生法」、「地域再生法」，設置地方創生擔當大
　 臣，直屬首相，推動地區經濟。

興地方經濟型的社區貨幣。且在金融廳（即我國金管會）敦促營運遍布地方的信合社（包括信用金庫、信用組合等），推動社區貨幣的發行流通與管理。

　　換言之，社區貨幣在日本地方政府資金補貼、信合社進行發行流通管理、地區商會宣導勸誘下，日本社區貨幣快速普及。不但種類型態多元化，電子社區貨幣技術載具升級，智慧型手機功能提升與普及，甚而區塊鏈技術的實用化。使得日本社區貨幣快速普及，迄 2018 年底止，日本營運中的社區貨幣已達 800 案例[20]。營運成效卓著，值得重視。

(二) 日本社區貨幣類型與發行概況

　　日本社區貨幣自 1999 年參酌歐美發行以來，迄今仍有 800 案例。本節擬就其類型及發行概況列述之。

1. 類型

　　日本社區貨幣至 1999 年發行以來，迄目前止，可歸納發行類型如次：

(1) 存摺型

　　如 1999 年 2 月千葉縣西千葉地區，首次由民間組織發行的 Peanuts 存摺。以及 2008 年神奈川縣民間組織發行的萬存摺。其發行以協助地區內居民及商店，互相採購消費為目的。

(2) 紙幣型[21]

　　諸如 1999 年 5 月滋賀縣草津地區發行的近江幣、2004 年東京都早稻田地區發行的 ATOM 幣、大阪寢屋川地區發行的元氣幣、2012 年東京都國分壽地區發行分壽券等，以促進環保、公益為主的紙幣型社區貨幣。

---

20 國立國會圖書館，〈地域通貨の現狀とこれから〉，2019 年 9 月 25 日。

21 日本在 1997 年加藤敏春教授倡導下，採行 Ecomoney。此一社區貨幣採存摺型為主，紙幣型為輔。發行的功能側重志工及公益，以解決地方的長照、環境、育兒等問題為主。藉由地域內居民及商店，互助採購消費為目的。加藤敏春，〈エコマネーは脱デフレの妙手〉，economist，第 81 卷 2 號，2003 年 1 月 7 日。

(3) IC 卡型[22]

2010 年起，由於金融科技的進展，IC 卡型社區貨幣快速普及，包括：2014 年那霸市國際通 Smik TAG、2015 年岩手縣盛岡地區的 MORIO-J、2016 年新潟縣阿賀野地區的阿賀野卡、2017 年北海道苫小牧地區的苫小牧卡等，均以招徠觀光客，促進消費為目的。

(4) 行動支付型

2013 年起，行動支付型電子社區貨幣開始發行，包括 2013 年長崎縣壹岐地區發行島德幣、2017 年岐阜縣飛驒信合社發行猿幣[23]、2018 年 10 月千葉縣木更津市君津信合社發行木更津幣。均為行動支付型電子社區貨幣。

2. 概況

日本自 1999 年起開始發行社區貨幣，旋即造成風潮，迄 2005 年發行案例多達 3,000。然而由於絕大多數為公益型（Ecomoney），規模極小等緣由，而停止發行流通。2008 年復以金融海嘯的衝擊，導致日本社區貨幣的發行流通幾均停滯。

迄 2010 年初，由於日本政府立法編列預算協助社區貨幣的發行，包括地方政府整合轉換民間發行的點數，強化社區貨幣發行與流通。同時，期間適以 IT 科技與載具的快速進展，特別是智慧型手機的普及，以及功能不斷提升。因此，使得日本社區貨幣迅速普及，形成發行風潮迄今。以下擬以擇要列示日本主要社區貨幣概況，如表 3-4。

---

22 日本於 1989 年即已公布實施「預付證票法」，得以發行儲值卡（2010 年修正為資金決濟法），准許 IC 卡的發行。2010 年起以地方銀行、信合社為主，於依法申請取得儲值卡發行證照後，即據以發行社區貨幣，以利流通。

23 飛驒信合社首先在 iRdge 協助下，以區塊鏈技術，發行行動支付電子社區貨幣，成效卓著。

表 3-4　日本主要社區貨幣概況整理

發行年度	社區貨幣名稱	發行單位	流通地區	類型	發行目的
1999	Peanuts	民間團體	西千葉（千葉縣）	存摺	地區居民自助（Ecomoney）
1999	草津幣	民間團體	草津（滋賀縣）	紙幣	地區居民自助（Ecomoney）
2000	Klin	民間團體	栗山（北海道）	紙幣	地區居民自助（Ecomoney）
2000	ZUKA	民間團體	寶塚（兵庫縣）	紙幣	地區居民自助（Ecomoney）
2001	Earthday money	NPO	涉谷（東京都）	紙幣	環境保護
2002	LOVES	地方政府	大和（神奈川縣）	IC 卡	環境保護
2004	ATOM	民間團體	早稻田（東京都）	紙幣	地區居民自助
2004	元氣	民間團體	寢屋川（大阪府）	紙幣	支援公益活動
2005	Hearn	地方政府	海士（島根縣）	紙幣	海士鎮職員年終獎金支付用
2005	森券	民間團體	惠那（岐阜縣）	紙幣	山林保護用
2009	MEGURIN	民間團體	高松（香川縣）	IC 卡	促進地方消費
2009	萬	民間團體	藤野（神奈川縣）	存摺	地區互助

發行年度	社區貨幣名稱	發行單位	流通地區	類型	發行目的
2012	國分寺	民間團體	國分寺（東京都）	紙幣	支援當地農家
2014	合銀幣	山陰合同銀行	島根縣、鳥取縣	IC 卡	促進地方消費
2015	MORIO-J	官民共同營運組織	盛岡市	IC 卡	促進地方消費
2016	Necoban	靜岡銀行	富士市（靜岡縣）	行動支付	促進地方消費
2016	萌幣	產學合作組織	會津若松市（福島縣）	行動支付	地區互助
2016	阿賀卡	阿賀企業	阿賀野市（新潟縣）	IC 卡	促進地方消費
2017	島寶幣	東京觀光財團	東京離島	行動支付	促進地方觀光消費
2017	猿幣	飛驒信合社	飛驒市（岐阜縣）	行動支付	促進地方觀光消費
2017	KIPS	近鐵集團	天王寺區（大阪市）	行動支付	促進地方觀光消費
2017	白虎幣	會津大學產學合作	會津若松市（福島縣）	行動支付	促進地方觀光消費
2018	湖山幣	地方政府	霞浦市（茨城縣）	行動支付	促進地方觀光消費
2018	UC 台場幣	民間團體	港區（東京都）	行動支付	促進地方觀光消費

發行年度	社區貨幣名稱	發行單位	流通地區	類型	發行目的
2018	AQUA COIN	木更津市政府、木更津商會、君津信合社	木更津市（千葉縣）	行動支付	促進地方觀光消費

資料來源：町井克至，〈地域通貨は地域金融システムに何をもたらすか〉，大和總合研究所，2018 年 4 月 23 日。

依據表 3-4 可知，日本自 1999 年至 2010 年代初期，多由民間發行，規模小，並以地方居民與商店、小企業互助及協助志工活動環保為主。2014 年起，在日本當局政策推動，民間配合。並由信合社採行區塊鏈技術，發行以行動支付為主的電子社區貨幣[24]，促進地方觀光消費，成效卓著，近年來已然成為日本推動社區貨幣的主要模式，值得重視。

(三) 日本社區貨幣具體發行案例與特色

日本自 2014 年政府政策推動社區貨幣，民間商會配合，並由地方信合社發行與管理。同時，採行區塊鏈技術，發行行動支付為主的電子社區貨幣。藉以刺激地區消費，活絡地方經濟，已成為日本社區貨幣發行流通最佳營運模式。以下擬以 2018 年發行，成效最為彰顯的 AQUA COIN 具體案例，以及特色列述之[25]。

1. AQUA COIN 功能分擔

千葉縣木更津市政府依據地方創生法[26]，擬定「AQUA COIN」電子社區

---

24 古江晋也，〈電子地域通貨で地域活性化をめざす飛驒信用組合〉，農林中金總合研究所，2018 年 10 月。

25 ChainAge 編集部，〈木更津市の地域通貨「アクアコイン」を實際に使ってみた〉，Age，2019 年 4 月 22 日。

26 日本總務省於 2010 年初出版「地方消滅」報告，指出若依現況，則到 2040 年時，日本全國將有將近 900 個市鎮村消滅。有鑑於此，日本當局乃於 2014 年訂定「まち・ひと・しごと創生法（本文稱地方創生法）」及「地域再生法」。責成地方政府擬訂青年返鄉，促進地方金融經濟活絡，編列預算補助，改善城鄉差距的問題。

貨幣推動計畫（project），藉由木更津市政府與民間包括君津信合社及木更津商工會議所（工商協會、特殊法人）合作。為提升效率，並落實功能分擔：

(1) 木更津市政府

　　擬訂 AQUA COIN 電子社區貨幣發行計畫，透過各樣通路，將 AQUA COIN 電子社區貨幣相關發行流通、特色優點等通知市民。並對在少子化、高齡化的情況下，在地區參與老人介護（長照）及防災救災活動，以及熱心參與地區慶典活動的志工，甚至於市政府員工部分薪資，給予 AQUA COIN，促進當地消費。

(2) 君津信合社

　　負責提供 AQUA COIN 電子社區貨幣發行事宜，交易流通兌換平台等系統之提供。以及電子社區貨幣發行交易流通與兌換相關業務之登記及管理。

(3) 木更津商工會議所

　　負責信合社往來中小企業的業者，以及當地商店加盟，推動木更津市區電子社區貨幣的使用與流通，改善地區經濟。

2. AQUA COIN 平台系統之提供

　　君津信合社 AQUA COIN 社區貨幣的發行、流通與管理，是由金融科技新創企業 iRidge 的金融科技子公司 Finnovalley，所提供的 Money Easy 平台，對於君津信合社發行 AQUA COIN 電子社區貨幣，在木更津市區內的流通、支付、清算，無論是使用者或是當地的店家，均極為便利，減少人手不足的困擾，以及相關成本的負擔。同時，藉由社區貨幣的電子化，大幅提升社區貨幣在市區內的流通速度，以及資金的循環。加上觀光客使用電子社區貨幣，使得區內資金不外流，而外部資金流入即所謂 In bound，市區內消費及資金循環活絡化，有利地區經濟的振興。

3. AQUA COIN 發行流通具體架構

　　君津信合社於 1962 年設立，總社位於木更津市，目前有 14 家分社。員工 165 人，股金 9.6 億日圓，社員 28,394 人。存款為 1,320 億日圓，放

款 800 億日圓。為木更津市主要的基層金融機構。君津信合社所在的木更津市，自 1998 年日本泡沫經濟破滅，人口外流，商店街及中小企業空洞化，少子化高齡化生產力不足，地區逐漸沒落。此一趨勢下，君津信合社業務營運因而日益艱難。

為徹底解決上述結構性問題，君津信合社乃配合木更津市政府地方創新計畫，與市政府、商工會議所訂定契約，自 2018 年 10 月正式發行 AQUA COIN 電子社區貨幣，發行對象為當地社員、中小企業負責人、觀光客。使用者可以使用智慧型手機下載 App，在君津信合社營業窗口，以及固定地點儲值機儲值，亦可以 1 日圓兌換 1 AQUA COIN，在信合社及便利超商購入 AQUA COIN，儲值額以 10 萬日圓為限，有效期限為一年。

君津信合社發行 AQUA COIN 電子社區貨幣的營運架構，可以具體列示如圖 3-6：

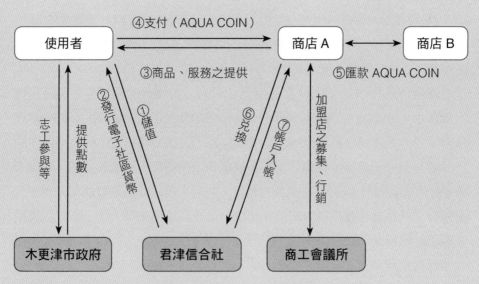

資料來源：木更津市 電子地域通貨「アクアコイン」の導入・普及促進に取り組みます，
https://www.city.kisarazu.lg.jp/shisei/keikaku/aqua/1000993.html

圖 3-6　AQUA COIN 電子社區貨幣的營運架構

4. 特色[27]

AQUA COIN 自 2018 年 10 月 1 日發行以來，迄今（2021 年 3 月）木更津市 13 萬人中使用者近半，加盟店則有 500 家。發行流通順遂。一般認為，此一電子社區貨幣的發行型態、組織架構、流通載具、商家配合度等最為理想。可歸納其特色如次：

(1) 木更津市政府依據地域再生法，訂定社區貨幣發行計畫，編列預算，推動電子社區貨幣，公告周知市民利用。同時，對參與政府長照介護志工及市政府員工，給予點數，在地方使用，活絡地區經濟。

(2) 君津信合社負責 AQUA COIN 社區貨幣的發行、流通及匯款、兌換等相關業務的處理。此舉，對於 AQUA COIN 使用者而言，極為便利。

(3) 商工會議所（商會）則負責中小企業者及商店相關資訊的發送及招徠，鼓勵業者加盟，推動業者間使用社區貨幣進行交易，振興當地工商企業的成長與營運。

(4) AQUA COIN 採行行動支付（App）為主，同時，部分發行 IC 卡，因應使用者多樣化需求。系統方面則由 iRidge 金融科技公司提供社區貨幣發行流通平台。並提供一人小商店靜態矩陣式二維條碼（Quick Response Code，QR-Code）平板，便利清算。

(四) 政府當局推動社區貨幣的政策方針

日本社區貨幣自 1999 年發行後，由於當時適值地方經濟不振，以及 NHK 媒體數度播放《Ende 的遺言》的緣由，而快速普及。然以規模多在百人之譜、會員認知不足、發行流通成本高、營運體制不夠完備、管理經費無著等緣由，迄 2010 年前，幾均停止發行或廢止。有鑑於社區貨幣的發行流通，有助於地方金融的活絡、經濟的復甦，自 2010 年初，日本政府當局乃積極推動社區貨幣，採取相關政策方針。

---

27 面對歐美推動社區貨幣的世界潮流，日本政府當局認為，由日本地方政府依據地方創生法，擬訂社區貨幣推動計畫，編列預算補助地方，信合社發行電子社區貨幣，並由商會行銷推廣實為最佳組合。

1. 落實中小企業金融圓滑化法

日本政府於 2010 年實施「中小企業金融圓滑化法」，要求銀行及信合社放寬資金融資困難以及營運陷入危機的中小企業等貸放及融資條件。而主要以中小企業特別是個人企業主為融資對象的信合社，必須強化法律的落實。金融廳（即我國金管會）同時修正中小企業融資圓滑化監理指針，對於以信合社為主，是否確切落實列為監理重點。

2012 年政府當局為強化中小企業競爭力，乃訂定「中小企業經營力強化支援法」，實施後金融廳即要求信合社對於民間發行的社區貨幣加以支援。其次，則進而責成信合社直接發行社區貨幣，積極協助地方中小企業，振興地方經濟。

2. 推動「地方創生法」、「地域再生法」振興地方經濟

日本政府為解決偏鄉地區少子化及高齡化、年輕人外流，導致地方人才流失、鄉村發展停滯、地方經濟低迷等問題，乃於 2014 年通過地方創生法與地域再生法以資因應。

然而近年來日本當局逐漸體認到，在落實地方經濟時，經驗顯示，由地方政府依據地方創生及地域再生法，訂定社區貨幣推動計畫、編列預算，對當地信合社發行流通及管理社區貨幣時給予補助，當地商會負責與當地加盟店訂約，推廣社區貨幣事宜，成效卓著。

AQUA COIN 成功案例，已成為今後日本推動社區貨幣最佳典範。

3. 日本再興策略與無現金社會的推動

日本政府於 2014 年修訂「日本再興策略」，全力推動無現金社會（Cashless Society）[28]。有關社區貨幣的發行流通，則鼓勵使用行動支付，用以取代傳統紙幣的發行，以及 IC 卡攜帶的不方便，特別是發行成本、經營管理與用人成本的考量。

同時，日本政府於 2015 年起積極推動金融科技。首重社區貨幣的電子化，進而鼓勵區塊鏈技術的創新，推動行動支付型電子社區貨幣的採

---

28 日本於 2014 年修訂「日本再興策略」，推動工業 4.0。並依據安倍地方經濟活絡策略，推展無現金社會。同時由地方政府協助信合社，發行行動支付電子社區貨幣，以資配合。

行[29]，並鼓勵地方小型店家採用無須成本的 QR-Code 平板取代昂貴的讀卡機。如此一來，使用者稱便，店家樂於加盟，政府稅收增加，地方經濟得以改善。

(五) 小結

綜觀日本社區貨幣發展經驗可知，1980 年代末吉賽爾社區貨幣理論，透過恩德（Ende）的日籍夫人佐藤真理子譯介日文出版，引起日人注意。1990 年中吉賽爾理論經由媒體深入報導，旋即造成日本社區貨幣發行風潮。迄 2000 年日本社區貨幣發行已達 300 案例，2004 年增至 600 案例，2005 年鼎盛期，社區貨幣高達 3,000 案例。嗣以當時社區貨幣發行流通規模多在百人左右，幾均為紙幣型態，發行成本高，加以管理、兌現相關業務用人成本可觀，民間社區貨幣營運無力承擔，絕大部分的社區貨幣因而廢案或停止流通。2008 年金融海嘯衝擊下，日本社區貨幣幾乎停滯不前。

面對此一困境，日本政府當局體認到社區貨幣的發行流通，有助於地方經濟的復甦。自 2010 年起乃訂定「中小企業金融圓滑化法」、「地方創生法」、「地域再生法」、「日本再興策略」。首由政府放寬銀行業規範，敦促銀行協助中小企業週轉順遂。進而責成信合社活絡地方金融、振興地方經濟，列為金融監理重點。其次則由政府推動地方創新。具體做法則為參酌歐美，由地方政府編列預算，協助地方民間組織，特別是信合社發行流通管理社區貨幣。並由地方政府發行各類商品券，加以支援，以為誘因。

其後，日本政府積極推動金融科技，以及無現金社會。並由地方政府訂定社區貨幣發行計畫，責成地方信合社在金融科技公司協助下，以區塊鏈技術，發行流通與管理電子社區貨幣，政府編列預算補助，地方商會則全力進行行銷，日本社區貨幣因而電子化，並迅速普及，迄今已達 800 案例。規模日益擴大，績效卓越，值得重視。

---

29 2015 年修訂「日本再興策略」，則進一步要求推動區塊鏈技術運用於電子社區貨幣，提升績效，降低成本。

第四章
社區貨幣在台灣的發展

Free-money, or money as it should be.
讓貨幣自由吧，回到它本來的角色。

~~Silvio Gesell 西爾維奧‧吉賽爾

第一節　社區貨幣崛起的關鍵背景

　　2008 年美國次級房屋信用貸款危機所引發的金融危機可說是社區貨幣的重大分水嶺。金融海嘯事件發生前，社區貨幣在全球地區的發展相對較為零零落落；金融海嘯後，各國央行為了挽救因美國金融海嘯而引發的金融流動性危機與經濟，幾乎都採取了增加流通於市場的貨幣數量手段，作為維持金融市場流動性的保證。

　　此時，全世界絕大多數人都還不知道的是，這些每天在全世界新聞與網路媒體大肆報導的金融海嘯事件的後遺症，如同病毒蔓延一般正在開始悄悄地擴散至全世界的各角落！這些後遺症肉眼看不到，但卻會產生財富重分配的巨大影響，並讓許多人一輩子的辛勤上班工作與儲蓄財富被打回原形。

　　當各國的執政當局想出一個美妙且感覺很專業的形容詞——貨幣「量化寬鬆」政策，來為他們加印鈔票的本質行為包裝上華麗的國王新衣時，其實已經代表了將會犧牲許許多多不是依靠資本或資本利得來累積財富，且資本占財富的比例不是多數的一般勞工與中產階級者。如同溫室效應或溫水煮青蛙一般，一般人感受不到財富結構的悄然轉變，就算極少數人感受到了，他們個別發出的聲音有人會在乎嗎？如同有越來越多的人認為諸如 GDP 等指數不等於一般老百姓相對於生活富裕感受的這個老梗一般，但是，這不重要，因為哪有給你討論這些枯燥無聊政策的時間呢？有哪次選舉這些議題會是重點？你放心，絕對沒有的！最重要的，這些對勞工與中產階級伸出手掐制而使他們一輩子難以翻身，終身要做屋奴的政府政策制定者與執行者，不正與被大多數人選出來且努力工作繳稅供養著的是同一批人嗎？

　　2008 年金融海嘯後，金融機構承做的金融中介與財富管理業務紛紛出現難以為繼的地步，有些是財富來源所得者因為購買的金融商品價格重挫導致財富嚴重縮水，有些則是承做金融商品的金融機構無力賠付或面臨擠兌與清算，而這些購買金融商品的購買者包括了一般企業與法人機構。

　　股市價格的不斷下跌又引發了另一波的危機！以市價（Market Price）

為評價（Valuation）基礎的會計準則架構下，股票市場的不斷跌落，就代表企業價值的不斷縮水，這可能會引發銀行的另一波因為企業價值下跌而產生的貸款緊縮、追繳擔保品、回收融資貸款，甚至銀行因為風險資產攀升使自身必須增資以應付銀行資本適足率要求的連鎖反應。

美國聯邦政府與聯準會（Federal Reserve Board, Fed）面對如此龐大的壓力下，宣布啟動了所謂的「量化寬鬆」（Quantitative Easing, QE）政策，簡單來說就是「我要開始印鈔票了」，大家不就是缺錢嗎？那我們就開始印製鈔票吧！連帶影響的是全世界手中握有美元的國家與大企業都一起被拖下水。

任何的政策推行都有其抵換（Trade-Off）的代價需要付出，一般養政府公務員的代價就是付出你我辛勞工作的所得的一部分；當採購戰機保家衛國的時候，因為政府不能臨時向你我這樣一般的老百姓要求馬上徵求一筆「保家衛國稅」，政府知道這樣我們會翻臉，所以政府選擇用特別預算方式因應，說白了，就是拖欠還款時間點，但還是要你我來付錢（收不到稅就讓國稅局、央行等想想辦法）。

那「量化寬鬆」需要抵換的代價是什麼呢？

舉個小例子說明：

 假設

A 國只有一個跟國家承租的超市消費環境，所有國民要在這裡消費購買東西。

A 國有一間中央銀行、一家民間銀行；民間銀行主要貸款給一般民眾，並且將貸款民眾還款不穩定的房貸部分打包賣給給投資人（機構）。

狀況：原來還款狀況不佳的房貸打包資產出現狀況更差的違約情形，法拍屋數量大增，導致投資人信心喪失，因此大量贖回並對新的此類資產沒有投資意願，讓民間銀行出現流動性問題。

分析：

一、A 國擔心民間銀行現金壓在房屋貸款上，而投資人信心喪失使資金回流停滯而有流動性不足的問題，危及民間銀行安全性。

二、A 國中央銀行為了維持民間銀行流動性，以各種理由讓民間銀行或投資機構更容易地借到更多的資金，想讓喪失的流動性回復。但多少的資金撒下去才夠回復流動性？不知道，反正撒下去沒反應就再印鈔票再撒下去……到有反應為止。

三、正常期間的鈔票提供量是在維持一定穩定物價上，滿足這些物品加計價格單價後的總額。現在政府為了救銀行，提供了數不清的鈔票數量希望投資人（機構）能去買銀行的產品，但是信心沒回來啊，存款和融資成本又很低，怎麼辦呢？

四、投資人沒敢將錢投到已經喪失流動性的資產，但滿手現金下，把錢投資到房地產或股票市場相對下是比較穩當的，反正這些錢的成本很低。

五、結果雖然經濟還是沒有起色，但是房地產被炒起來了，股市也開始飆漲（2019 年 1 月觸底後就開始反彈）。房地資產價格的攀升，導致超市的租金開始上漲，承租商家為了維持利潤，只能調漲銷售的商品價格，於是消費品也開始漲價了。

六、最後，有錢的人發現去買房子炒作這樣賺得比較快，但一般生活支出結餘不多的國民就只能乾瞪眼，然後眼睜睜看著房價不斷上漲；加上超市因為房租上漲而上調的商品銷售價格轉嫁等原因。於是什麼都漲了，但是一般百姓工作領到手上的薪資沒有漲多少，甚至沒漲。這時許多人才意識到原來自己過去多年辛辛苦苦工作而累積的一點點財富，相對於房地產等資本財的擁有者，他們雖然存下了一些財富，但相對上漲的房價與生活成本，好像……更窮了！

　　上面簡化版本的例子，說明了過去 10 多年來國家透過貨幣超額發行救經濟，但這所謂的「救經濟」是與計算 GDP 有關產業的經濟，不是如你我

一般庶民感受中口袋錢包的經濟。

最後，經濟救起來了，有錢的人財富也暴增了，但是一般老百姓的相對財富卻縮水了。這就是各國政府採行「量化寬鬆」政策後各國不斷上演的基本戲碼，差別就在不同國家的不同制度而衍生的小差異罷了。

全球量化寬鬆政策執行後，上面所談論的故事結構廣泛發生的世界各地，也引發了對於全球貿易衝擊無辜的地方經濟、國家主權貨幣超發及貨幣政策干預侵蝕人民財富的討論。這也導致對社區貨幣議題的重新重視與比特幣的問世。

一、社區貨幣在台灣的推動背景

相對國外來說，台灣對於社區貨幣的推動，除了發展歷史較晚之外，其發展的力度與群體相對而言更為零落與分散。台灣推動社區貨幣的背景雖也跟 2008 年的金融海嘯脫離不了關係，但其中卻還有一些台灣自己的背景因素，而這個因素還遠在 2008 年以前……

(一) 財務評價制度框架下的基本背景

一般與金融機構法人在財務的評價制度上，對於資產價值的評估多以 DCF（Discounted Cash Flow，現金流量折現法）為評價方式。該方法中，計算公式的分子擺放的現金流量來源實務上就是所謂的房租或地租收入，雖然初期影響分子的房租收入沒有太大的變化，但放在分母的市場利率或加權平均成本利率卻開始不斷降低。由於開始時房租或地租因為不是經濟過熱增長導致的購買力上升，所以沒有增長；但政府狂印鈔票，以調降存款準備率或引導基本放款利率調降誘因，增強機構法人或有資本財力的投資人的貸款意願，透過銀行體系灑出大量通貨，導致該資產評價公式因為市場利率的降低，使得資產評價公式在計算後的資產評估價值虛增。

舉例來說：

民國 80 年前後，當時由政府補貼銀行差額的青年優惠購屋貸款利率將近 8% 左右，比起根據信義房屋公布在全國各大銀行現在一般人就能拿到自

住住宅貸款 1.58% 的房貸利率來說，同一不動產標的物的資產價值評價就
會大大不同。

　　假設當時平均每月可收房租為 1.5 萬，以永續年金的概念來簡單計算房
屋價值約當為（1.5 萬×12/0.08）= 225 萬；28 年後的現在，不計入房租上
漲與房價人為炒作的因素，光是利率的下跌，就讓房屋價值被提升到（1.5
萬×12/0.0158）= 1,139 萬，造成價值虛增 914 萬，上漲 4.06 倍。

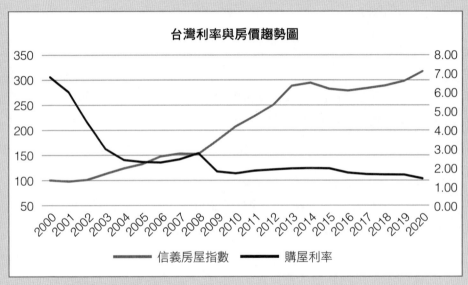

資料來源：中央銀行與信義房屋

圖 4-1　台灣利率與房價趨勢圖

(二) 台灣資本財價格失控的產業與利率環境背景

　　2000 年以後大陸快速崛起、台商上下游一體且群聚式地赴對岸布局生
產與製造基地，使台灣產業出現了空洞化的危機。至 2008 年金融海嘯爆
發，導致全球經濟發展與信心潰堤危機，促使全球各國央行在貨幣政策上
採行「量化寬鬆」政策，加上台灣在 2009 年放寬遺產贈與稅從 50% 降至

10%，誘使過去十年布局海外的資金有了回流的動機。低利率環境加上充沛的貨幣銀彈在手，使得台灣不動產的資本財價格有了推升的貨幣環境與可能性。

(三) 非以市價為課稅基準的資本財套利天堂，在資金大潮下反抑制一般消費動能

房屋資本財價格難以阻擋，是台灣的房屋實際價值與課稅基礎一直存在差異的套利空間。這一個專供財富富裕者合法節稅的資金與資產轉換方式，配合前二者所賦予的特殊條件下，使非居住需求類別的房地產交易爆發與激增，並讓資本財價格大幅度攀升。

相對來說，一般家庭可支配所得的成長與比重在資本財價格大幅攀升的環境下就會不足與萎縮。一般而言，一般家庭的收入屬性相對較偏向於低附加價值種類，且其所得（薪資）金額難以快速成長。因此，在一般民生消費類別裡，邊際效用越低的消費種類可能會受到最嚴重的壓抑；也就是說，越是低單價與低總價的民生消費，越有可能招致消費萎縮。

另一方面，資本財價格的提升，尤其大多數屬於投資型的投資者，導致資本財所有者對於出租的價格有更高的要求，使營業或一般租賃的房租都會上漲，一方面壓縮了消費者的可支配所得，另一方面則壓縮了承租的營業者的獲利空間或逼使其提高售價轉嫁給消費者。

以上情況皆是消費動能不足的要素來源。因此，哪怕金融海嘯的影響實際上在 2009 年初就開始快速反轉，產業獲利狀況至 2019 年都年年成長，但是基層消費經濟面與產業經濟面的感受有著嚴重的差異，也讓人民對政府有關經濟成長的論述與內容無感。

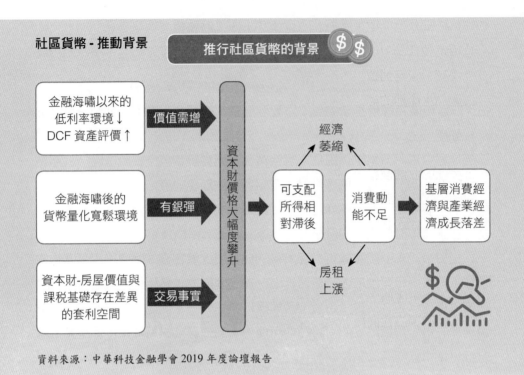

資料來源：中華科技金融學會 2019 年度論壇報告

圖 4-2　推行社區貨幣的背景

　　由於法幣在其流通區域的通用與中立性，讓台灣變成一個縮小版的全球經濟運行體，各縣市如同一個個的國家，縣市內的鄉村區域又微縮成不同的國家城市一般，有的縣市特點在生產與製造上，有的縣市特點在農業上，有的縣市特點是在地方小型商業，有的縣市特點可能是旅遊及觀光等，這些不同縣市的不同經濟型態運作在國家政策的擺盪或改變下，不知不覺地透過貨幣作為交易支付的媒介而受到了衝擊與影響，難以維持區域經濟運作的獨立性。這如同溫水煮青蛙般的非立即式衝擊，也讓多數的人喪失了對貨幣海嘯蔓延準備應變的時效性。

　　例如台北的小明想買嘉義的鳳梨酥與高雄的芒果，在現今物流與電商環境下，小明可以選擇：到附近的超市連鎖賣場去一次買齊，或是剛好趁著假日帶家人去南部走走順便購買自己挑選的新鮮貨。

以上兩種不同的消費者行為會為地方經濟帶來不同的效果。

1. 超市連鎖賣場架上的商品已在進貨時以大批發低廉價格付給供應的農民或批發商，賣至消費者的商品價格加值（加成）的部分，將歸屬於總部不在農產品生產地的總公司城市，對於生產地縣市的經濟貢獻度低，對總公司所在地的貢獻度較高。

2. 到原產地購買，消費者給付價格相對比超市購買便宜，但高於連鎖超市或批發商的收購價格，此種消費者型為對於生產地縣市的經濟貢獻度較高，對總公司相對設立所在的商業發達縣市則無貢獻度。

　　這是已經先忽略了從台北到高雄的交通與時間成本因素，因此是假設小明帶家人去南部走走的前提，而現在國人對於假日家庭休閒的短渡假風氣也確實與日俱增，至少有一定比例的人會在假日時選擇去經濟相對較不發達的縣市休閒旅遊渡假。對於經濟相對不發達的縣市地區，除了確保現有經濟不流失的經濟獨立性問題外，如何爭取「增量經濟」，也將是一門課題。

　　為了確保地方經濟不被優勢經濟地區或貨幣支付通用與中立性的衝擊，「中華科技金融學會」成員們思考著如何利用新興科技與學術理論來解決因為多重因素衝擊庶民與基層經濟的負向影響，也因此在 2019 年 1 月 18 日正式結合大高雄觀光商圈總會下的三個高雄地區商圈，聯合發行「高雄幣」。

第二節　高雄幣

一、台灣大型社區貨幣推動的起點——高雄幣

　　台灣聞名全球的特點之一就是在地的商圈夜市與小吃文化，而商圈夜市在過去的 10 多年來，支撐其發展消費力的重要支柱，因為消費能力上強者越強、弱者越弱的極端化發展結果，代表夜市消費力逐漸弱化與實質購買力相對地被侵蝕，全台各地的商圈夜市逐漸產生「夜市經濟消費沙漠化」的萎縮與消費綠地消退現象。

　　2018 年初，「中華科技金融學會」開始接觸台灣各商圈，以了解發行社區貨幣的技術面與制度面的可行性評估。

　　2018 年 6 月與國立高雄科技大學財務金融學院共同成立「中華科技金融學會」南部分會，開始接觸與評估以高雄市為範圍，並以商圈夜市商家發行社區貨幣的可行性。經與大高雄市觀光商圈總會及高雄市各地商圈自治會討論，決定先以高雄三個夜市商圈發行高雄幣，並開啟了台灣大型社區貨幣推動的新篇章。

　　高雄幣的運作機制：

社區貨幣 - 高雄幣

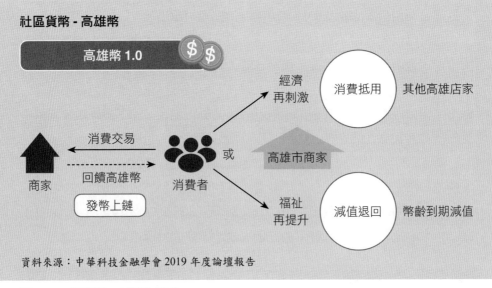

資料來源：中華科技金融學會 2019 年度論壇報告

圖 4-3　高雄幣 1.0 運作模式

　　在商家與消費者的消費交易完成後，商家以「高雄幣」方式回饋至消費者的電子錢包（App）。消費者拿到高雄幣之後，他只有 2 種方式：一是在一定期間內（30 天）完成下一筆對經濟成長的刺激消費；二是如果在一定期限內未能完成商家發給消費者高雄幣獎勵的下一筆刺激經濟的消費要求，系統會幫商家將高雄幣的「智能合約獎勵」從消費者的電子錢包內減值返還回商家。

　　「高雄幣」定義：商家與消費者約定，商家將給予消費者在一定期限內去從事下一筆消費交易的獎酬值，如果消費者未能於一定期限內完成此項約

定，系統將代商家收回此筆獎酬值，這個獎酬的流通範圍與對象是以高雄市這個社區內的消費行為作為推行與流通的場景，我們稱它為「高雄幣」。

二、不僅僅是回饋點數的高雄幣

前面的說明我們可以了解，從表面上看來，高雄幣跟商家回饋點數很相像，或者有人說高雄幣就是回饋點數。關於這個答案，可以說「是！也不盡然是！」也就是說，回饋點數只是高雄幣擁有的其中一項功能。

高雄幣一開始的設計上，就是將虛擬貨幣、區塊鏈應用與社區貨幣等元素結合。高雄幣的幣是一種代幣（Token）的概念，如同英文字面上的意思，是一種權益的證明，這種權益是賦予了一定成就條件的機制設計，這個成就條件就是要去實現一個對於當地社區的使命與承諾，就是去刺激這個社區（這裡的社區等同於高雄市的轄區覆蓋）的經濟成交值（GDP），並鎖定其經濟發展成果於高雄市這個社區內而不外溢。

另外，在技術上，它也是一種智能合約（Smart Contract）的產物，此智能合約讓交易雙方彼此約定初始交易完成的同時，商家給消費者一個作為未來一定期限內做下一筆刺激消費行為的獎酬與激勵。如消費者未能遵行發給消費者獎酬時的約定，則系統將依據約定內容，在達到一定時間條件下，從消費者的電子錢包幫商家收回一定的比例。因此，高雄幣包含了商家回饋的功能，但卻不僅止於這個商家回饋的作用，它更大的作用不是體現在回饋，而是體現在「在地認同」、「價值認同」的概念上。而在高雄幣部分，我們將高雄的「在地認同」與「刺激高雄經濟」這個理念綑綁在一起。

三、當虛擬貨幣結合地方貨幣的概念時，它已默默地從「資本門」轉為「經常門」屬性

換一種角度來看，高雄幣的「幣」不是一般認知的區塊鏈下當成投資或投機工具且價值會波動的公有鏈的加密貨幣，高雄幣主要是用來作地方的補充貨幣，可以完全抵用或抵充法定貨幣（現金），是種「類支付工具」或「類行動支付」。同時，高雄幣還賦予了「地方認同」、「在地社群」與

「約定刺激經濟」等社群功能，用來做一種社群功能的連結。

眾所皆知的「比特幣」、「以太幣」等公有鏈體系的加密貨幣，其功能在經濟或財務金融領域的屬性中是偏向於「資本門」的性質，交易購買或挖礦取得相關幣種，其主要目的著眼於「幣」未來價值的增長，如同購買股票或收藏品，不論是否有炒作，取得者的主要目的是「投資型」而非「商業抵用型」（交易媒介目的）。因此，在屬性上，我們把公有鏈型態的加密貨幣歸類為「資本門」類別的領域；高雄幣則是一種將區塊鏈的各種技術與理念應用在一般與民生經濟相關的領域，屬性上我們稱為「經常門」類別。

如果消費者在一定期限內（目前對於縣市地區流通的地方通貨限制為30天）去做了下一筆消費的承諾，系統合約認定這個消費者完成了合約約定，並在此一再消費的交易完成後，又會再給予一個第2次刺激當地經濟循環的下一筆獎酬值。

四、社區貨幣 1.0 概念的高雄幣

設計高雄幣此一社區貨幣時，是希望能刺激高雄地區的民生經濟的週轉率，並流通於高雄市的行政區域內，超過高雄市的地區無法流通，並無交易對象或商家的限制。

高雄幣的相關配套機制是以「智能合約」的「幣齡減值」（Freigeld, free money）為技術手段，用以防止地方通貨的沉澱（Precipitation），並能提升交易的週轉率（Turnover Rate）。

試行半年的經驗告訴我們，下載 App 並經常使用的消費者，對於商家是否依照約定發行高雄幣有著相當高的在地認同與黏著度。我們定義：「消費者每週至少有一次進入 App 察看或使用的行為」稱為 App 的消費者存活率。由於高雄幣從 1 月 18 日啟用的半年期間，商家數量約 240 家，功能也頗為單一，即掃描商家 QR Code 後，抵用交易付款金額並獲得商家針對此筆新的交易所發出的高雄幣的消費者存活率仍達到將近 7 成的數據。

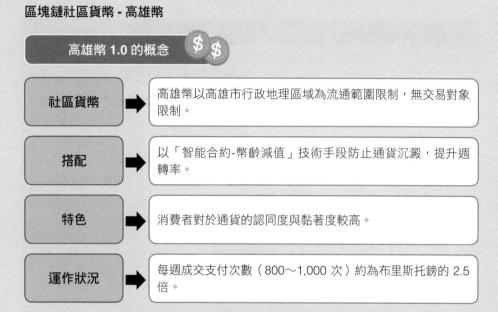

來源：中華科技金融學會 2019 年度論壇報告

圖 4-4　高雄幣 1.0 的概念

五、英國 Bristol Pound 與高雄幣之比較

我們從誕生背景、核心宗旨、設立過程、運行成果比較高雄幣與英國 Bristol Pound，如表 4-1。

表 4-1　英國 Bristol Pound 與高雄幣之比較整理

	英國 Bristol Pound	高雄幣
誕生背景	2008 年先後發生國際石油價格飛漲、爆發金融海嘯所導致英鎊急遽貶值，造成英國許多城鎮蕭條沒落。	2008 年金融海嘯後的低利率、貨幣低成本時代來臨；台灣政府鼓勵境外資本回流，自 2009 年遺產及贈與稅制修改完成並施行啟用後導致哄抬炒作資本財的資金水位快速高漲；以及台灣對於房屋課稅與實質價值脫勾的富人尋租效用。
核心宗旨	一群熱心人士於 2009 年推出。核心宗旨是鼓勵居民持貨幣於在地消費、改善地方經濟，首要目標即為支持在地、非連鎖的獨立商家，以維持地方經濟的多樣性。	一群往返兩岸之間的台灣學者與金融科技新創實業家希望能將新興科技應用於對一般民生經濟成長有所助益，並且能協助解決社會結構性問題與痛點。
設立過程	由英國一個非營利性公司（Bristol Pound CIC）聯合 Bristol Credit Union 所經營，為當地人民而設立，包括數位貨幣與紙幣；為英國最成功之社區貨幣，亦曾被稱為全球最大社區貨幣。	由 2017 年成立的學會（中華科技金融學會）所孵化的區塊鏈科技應用新創公司所建立的地方貨幣發行平台，透過 App 以及商家提供的法幣基礎，代商家發行虛擬貨幣至消費者的電子錢包，並以智能合約方式，與消費者約定，必須在一定期間內進行下一筆的消費刺激，以落實的獎酬值制度。

運行成果	使用人數超過 2,000 個人及 800 間商家，僅於 Bristol 地區內流通，以進行交易。已有超過 500 萬英鎊被花用在 Bristol 地區。超過 80,000 筆交易被用在文本、行動 App 及線上銀行。涵蓋食衣住行各方面。包含餐廳、服飾店、珠寶店、飯店、電影院、書店等等。甚至連當地的市政稅、商業稅也接受以 Bristol Pound 來支付；部分公司更提供以其支付薪資或分紅的選擇，而市長 George Ferguson 則乾脆將自己的薪資（5 萬 1 千英鎊）全數以 Bristol Pound 支領。2012 年以來，每週約有 300 次支付產生。	至 2019 年 6 月底止，使用人數超過 10,000 人及 200 間商家，僅在高雄市地區流通，交易對象無限制。已有超過 20,000 筆交易被用在行動 App 上。包含餐廳、服飾店、珠寶店、3C 與手機配件、醫美、牙醫、連鎖飲料、伴手禮等等。半年來的每週成交支付次數平均為 800～1,000 次，此數據是號稱全球最大社區貨幣——Bristol Pound，自設立啟用並運行 3 年後（2012 年以來，每週約有 300 次支付產生）的 2～3 倍。

六、高雄幣是為了推行覆蓋全台民生經濟行業前的示範基地與實驗場域

　　高雄幣是一種地方或在地認同，以結合社區貨幣以及區塊鏈等元素的技術方法，想在全台灣推行並刺激地方經濟的一個示範基地與實驗場域。希望能在這個示範基地與實驗場域於社區貨幣的推行過程中，找到原始想法與設計的系統，在實際執行上所遭遇的環境與問題，並能在後續規劃推行覆蓋全台灣的擴大型的改良社區貨幣系統，且能協助翻轉地方一般商家民生經濟的業績，有所助益。

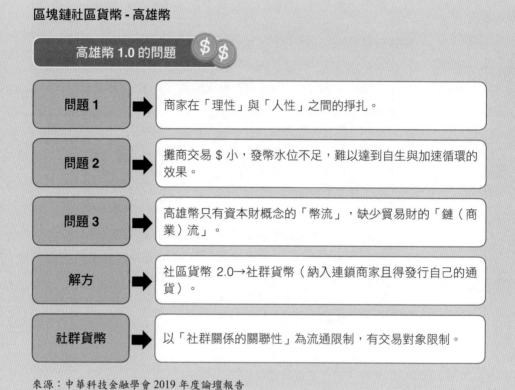

來源：中華科技金融學會 2019 年度論壇報告

圖 4-5　高雄幣 1.0 運作之問題

七、2019 年 1 月試行至 11 月底高雄幣運行成效

　　大高雄市觀光商圈總會與中華科技金融學會推動商圈夜市攤販等小店家的基層與庶民經濟，結合社區貨幣理念，希望能鎖住地方經濟發展不外溢，對於六合、光華及南華等商圈夜市試辦 45 週的初步成果，以光華夜市效果最佳、南華次之、六合最次。

　　此三大商圈各有其商業結構的特點，光華商圈屬於在地人生活的商圈，社區認同效果最佳，推動效果也是最好；南華商圈屬於沒落老高雄商圈，雖然人流不足，但在地人的生活步調及認同也相對不錯；六合夜市雖然全台知名，但主要消費者是外地的觀光客，回流比率不高，這也影響了商家的發幣

意願與消費者的接受度。

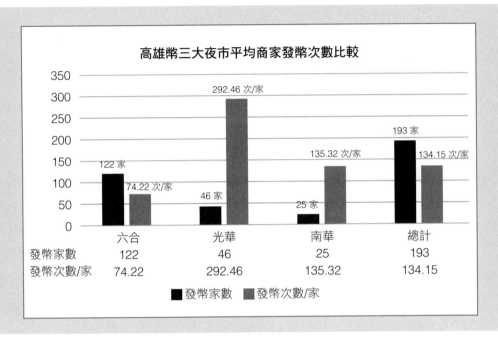

圖 4-6 高雄幣三大夜市均商家發幣次數比較

以社區貨幣的角度來看，高雄幣試行約 45 週，成交支付次數約 2 萬 6 千次，每週平均成交支付次數為 578 次，與有著 800 商家參與，每週約 300 次支付，被稱為全球最大社區貨幣的英國 Bristol Pound 相比較，高雄幣剛推出首年，200 商家的交易量就達到其將近 2 倍。

進一步將每週的支付次數以參與商家平均化來看，英國 Bristol Pound 每週每家次的支付次數約為 0.375 次，相比高雄幣整體來說，每週每家次的支付次數約為 2.89 次。

社區貨幣	Bristol Pound	高雄幣	高雄幣-光華	高雄幣-南華	高雄幣-六合
交易次數/家/週	0.375 次	2.89 次	6.5 次	3.01 次	1.65 次

如再區分為三大夜市個別的數據來看，運行成效最佳的光華夜市，其每週每家次的支付次數約為 6.5 次；南華商圈每週每家次的支付次數約為 3.01 次；六合夜市每週每家次的支付次數約為 1.65 次。

八、高雄幣運行的相關分析

(一) 商家在「理性」與「人性」之間的掙扎

高雄幣是一種結合在地認同以及社區貨幣和區塊鏈元素的想法；而認同是什麼？認同一般來說是一個集體或群體對於一種狀態的共同理解，通常這個共同的理解偏向是沒有明確界線與範圍的，屬於一種模糊性的方向上認知。但是需要付諸現實環境實現的時候，我們發現「認同」的定義就必須賦予操作型環境的配套與情境區隔，因為「在地認同」是會與認同者本身產生利益衝突的。

不同於「宗教認同」，「在地認同」沒有教義、沒有教科書、沒有人出來教導特定的認知標準，也沒有人有辦法集合眾人去探討這種類似於鄉土情的情感元素拆解或度量。因此我們可以看到全球的社區貨幣都是「做」出來的，至少也是「實際推動」與「宣導」並重，這種以模糊性「認同」的方式來凝聚共識與達成初步的效果。

學會成員初期在宣導「在地認同」這種理念時，對於經濟發展相對緩慢的高雄地區的商家與消費者而言，相對其他縣市，確實有更大與更立即性的凝聚與共同認知效果，所以我們僅在短短不到半個月與商家溝通的時間中，就獲得了將近 140 個商家的認同加入。雖然對於全台灣的夜市商圈來說，這已經是一個重大的勝利（相對於台北市寧夏夜市由市政府全力推動了 7 個月後有 70 商家的加入數量來說），但這只是一個起步與開始。

「科技始終不能違反人性！」這句話大概可以涵蓋並解釋說明了我們這半年來對於商家就「在地認同」這個模糊性認同在執行前、後所產生落差的原因所在。

簡單來說，如果在同一個心理水平下（也就是不參入宗教信仰、人生哲

學等心理面因素），基本上溫飽無虞的商家主與有不停賺錢壓力的商家主，對於「在地認同」可能有「理性上」一致的認同，但當投入角色扮演後，卻會有因來自不一致的環境條件差異，包含是否為在地商家、自身財富程度、對於財富的依賴程度、重視財富的程度等諸多現實環境中人性面的因素，導致在執行面的落差。

如何設計一個符合諸多人性的科技應用，將人性在現實社會中的呈現融入於科技應用的設計之中，這是中華科技金融學會與學會孵化的區塊鏈應用公司設計下一階段社區貨幣 2.0 版系統平台的使命。

(二) 以夜市為主的攤商交易金額不大，發幣水位難以達成自生與加速循環的效果

相對於高雄市的行政區域面積而言，三個商圈夜市的試點與試營運當然且合理地呈現了其交易成交值占比過低的問題，如同是高雄市境內的面積相對於小水窪或小溼地的面積。簡單來說就是三個商圈的消費環境與消費場景，相對高雄市的所有消費商家業態與數量占比還太低，無法滿足大多數消費者的需求。

再者，以夜市為主的攤商，其交易內容物的單價普遍不高，單筆成交值平均在新台幣 120～150 元之間，以平均發幣率 5% 來說，單筆發幣的平均值不到新台幣 5 元，加上初期商家數量相對於整個高雄市來說不多，在以高雄市這個「社區」為流通範圍而設計的「高雄幣」而言，整體發幣的水位過低，難以達到自主產生經濟循環活水的自流狀態以及加速交易週轉的經濟加速循環效果。

(三) 高雄幣只有純交易時點的幣的支付與抵用，缺少交易流的內容

就區塊鏈應用到一般民生經濟領域的角度而言，我們應該思考，想要應用的概念或技術內容為何？應用到哪些部分？這些應用對於消費者、商家或是相關人所生存的這塊土地又有什麼幫助？

高雄幣的發想來自於解決台灣受薪階層消費者與一般中小型商家，過去 10 年來於特定經濟與政策環境為「因」，消費購買力的被剝奪或削弱為

「果」，進而導致弱勢地區經濟環境萎縮的社會結構問題。

區塊鏈的應用上，除了配合「減值」此一技術手段而搭配的智能合約設計外，也在幣的邏輯處理上花了些功夫，讓價值得以被保護或追溯還原。然而我們覺得只在交易發幣獎酬這部分的應用場景還是太簡單，若是能以交易支付場景為中心向前或向後延伸覆蓋到商業流程環節，讓 Chain 的概念不只在帳本的連接，也能在商業環節形成「鏈」的串接，讓區塊鏈的概念真正落實到商業環境。

九、社區貨幣 2.0 版：社群貨幣

歷經了近半年時間的了解與互動，彙整與分類有關高雄幣運作過程的相關議題與探討，在希望持續發揮地方貨幣對於刺激地方經濟成長的目標不變下，我們打算推出這個社區貨幣的升級版，也就是我們稱社區貨幣的 2.0 版——「社群貨幣」。

社群貨幣納入讓商家得以「幣」的形式來確認、維繫、鞏固與消費者之間的關聯度，我們稱這種關聯是一種社群關係，也就是將社群關係以「幣」的方式來承載與連接。

傳統經濟環境中，幣是用來支付的工具；區塊鏈一開始將幣變成是價值的傳遞、移轉或交換；我們則是希望將幣用來當成點對點（Peer to Peer, P2P）之間的通關密鑰，也是個人所代表的節點（Node）與節點之間某種關聯度（Relationship）的共同元素或共同交集。若反應在交易關係，則是一種商業抵換（Trade off）關係中，交易對手二方之間，一種共同關係的建立基礎、默契、認同。

我們如果拆解一個簡單的交易關係，這個交易關係一定是建立在二個節點之間、每個節點雙方對於想要交易的「抵換」有著彼此接受的共識，而且是由買方節點基於至少在抵換基礎存在願意以上（願意代表雖不滿意但是可以接受，願意以上就是消費者效用更大滿足）的認知下所完成的交易行為。因此，這一個簡單的交易關係其實代表著買方節點與賣方節點之間有一種我們看不到的社群關係線，這個社群關係線可能代表著買方節點對於賣方節點

存在著一種對於商品本身、商家態度、商家環境（線下；非電商）、商品價格、商品需求彈性等至少一種以上的社群關係，而我們則協助賣方或提供服務方發行一種可以承載前述一種以上社群關係的幣，這個幣我們稱為「社群貨幣」。

在我們的定義中，社群貨幣有別於社區貨幣的地方在於：「社區貨幣」是以特定地理區域或面積為流通範圍限制，沒有特定交易或流通對象的限制，是以共同地區為社群關係連結的社群貨幣。「社群貨幣」是以特定社群關係為流通的脈絡渠道，在此脈絡渠道下沒有流通範圍限制。

在第二代系統的環境下，各種專注於經營消費者關係的商家，尤其效應更為龐大的連鎖型商家，將可以利用這種社群貨幣將商家想要突出在消費者面前的屬性或想培養的商家與消費者關係（也就是我們所稱的社群關係元素），透過幣來傳遞。

第三節　嘉義幣

一、區塊鏈社區貨幣——嘉義幣

基於高雄幣的基礎，由嘉義縣當地民意代表的努力推動，中華科技金融學會協助定義並找出了代表「嘉義縣」這個農業大縣的社區貨幣的價值與定位，是升級完善版的高雄幣，也是高雄幣 2.0 版。

高雄幣的環境，實現的是賦予區塊鏈概念的社區貨幣，這個社區貨幣的流通與實踐是在商品完成並交付給消費者的場景下，只有幣的電子錢包交付與抵用轉移，此場景沒有延伸到商品的源頭生產與製造端以及商業流的環節；也就是說在一般生產、加工製造與交易的完整場景下，高雄幣只融合進「交易發幣」場景，以及「約定刺激高雄經濟」的認同元素，因此一般人只看到了「幣」的交流，而嘉義幣則考量了嘉義縣這個農業大縣的基本內涵，將「嘉義認同」的內涵結合農業縣的特質整合進來，也融合了完整的商業流，而不是僅在幣的交易時點。

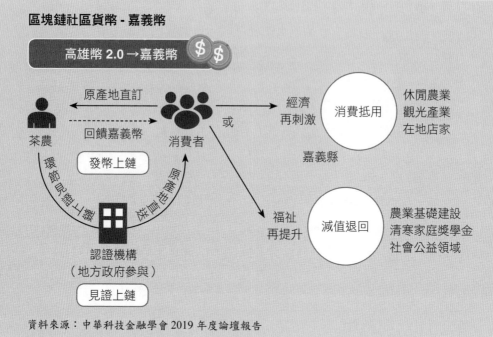

區塊鏈社區貨幣 - 嘉義幣

高雄幣 2.0 → 嘉義幣

茶農 ← 原產地直訂 ← 消費者

回饋嘉義幣

發幣上鏈

環節見證上鏈　產地傳產

認證機構
（地方政府參與）

見證上鏈

或

經濟
再刺激 → 消費抵用　休閒農業
觀光產業
在地店家

嘉義縣

福祉
再提升 ← 減值退回　農業基礎建設
清寒家庭獎學金
社會公益領域

資料來源：中華科技金融學會 2019 年度論壇報告

圖 4-7　嘉義幣運作模式

　　在嘉義幣的場景中，由於嘉義縣與高雄市的經濟內涵完全不同，沒有大型工業與人口密集區，也沒有繁榮的商業與夜市群聚地點，不可能仿製高雄幣的成長環境與模式。因此，我們導入嘉義縣最為人所熟知的特產——阿里山高山茶（泛指海拔 1,000 公尺以上茶園所產製的烏龍茶）作為啟動嘉義幣的源頭與示範點。

　　中部山區的茶園主要集中在南投與嘉義兩縣。嘉義縣茶園的面積總數雖不及南投縣，然而在海拔 750 公尺以上的種植面積與比例卻是全台數一數二的代表縣，阿里山茶與杉林溪茶、梨山茶、玉山茶合稱台灣高山茶最頂級的「四大名茶」。

　　由於嘉義阿里山高山茶相對於需求者的需求量而言其產量相對稀少，因此產生了大量的尋租行為（Rent-Seeking），市場上也到處充斥著混充大陸福建與越南等地進口的低價劣質茶。

再者，茶農辛苦將茶菁採收後，除了少量自行銷售以外，多數仍透過茶商做後續商業流的分工，而茶商內部的資訊不透明，難以建立高等茶葉的有序市場，連帶影響茶農受累。

二、區塊鏈應用的創舉──客觀第三方的認證程序以及第四方的稽核程序

區塊鏈應用的重點不是在上鏈的資訊內容為何？將哪些重要資訊上鏈了？而是如何能證明或是哪些上鏈程序能保證上鏈的過程絕對不會受到人為干預或變造或偽造；也就是能否證明上鏈的過程為真？當然，將業務操作流程的設計中，讓更多的「機器數據」替代「人工數據」的程序優化也是重點之一。

在與嘉義縣政府與嘉義縣農會的合作中，我們將區塊鏈應用到商業流程真實的上鏈過程，將其標準作業流程化（Standard Operating Procedure, SOP），並以第三方的客觀認證程序，以及第四方的稽核程序，再輔以統計建立模型並驗證實際執行數據的方式來保障區塊鏈上鏈過程的有效性與真實性。例如：阿里山茶在區塊鏈上鏈的設計上，資料上鏈後，統計上的驗證是交由第四方的稽核機制來驗證執行中的 α 風險；即虛無假設中的驗證是客觀有效執行的上鏈見證卻不為真的情況。

三、凸顯嘉義為農業大縣本質並促能進觀光農業或社會福祉的嘉義幣

嘉義縣農業用地占全縣面積比例超過 60%，可稱為農業大縣，想要行銷嘉義縣，農業這個課題是跳脫不開的議題！因此，我們在發想「嘉義幣」這個社區貨幣時，就在思考如何將嘉義縣的農業涵蓋進來？而嘉義縣聞名全球的最佳農產品當然就是阿里山茶了，所以我們從阿里山茶開始出發，再來覆蓋全嘉義縣的其他農、水產品。

透過協助農民搭建農產品的直接銷售平台，這是對農民最具有直接效益的方式，但是消費者所關心的相關議題也必須在這裡得到解決。所以我們幫

農民搭建一個直接面對消費者的平台，而這個平台與傳統電商平台不一樣的地方，在於我們不只將農產品放在平台上給消費者選購，我們還讓消費者最關心自己所購買的農產品的相關問題能完整且被信任地呈現出來。阿里山茶，大家最關心的不外乎就是：「茶商或朋友餽贈的茶葉禮盒，他們都說是正港的阿里山茶，但是這是真的嗎？」

阿里山茶總產茶面積所能生產出來的茶葉，一年約當產量為 300 萬斤。真正喝茶的消費者，每人一年約當喝掉 20 斤茶。以這個數據來估計，台灣 2,300 萬人，平均一年只有不到 1% 的比例才能喝到真正的阿里山茶，就算只有 500 萬人喝茶，不算被境外人士購買掉的，每年能喝到真正阿里山茶的，也不到 5%。所以，當你聽到每個喝茶的朋友都說他喝的是正港阿里山茶的時候，你還覺得合理嗎？

我們將阿里山茶在種植的期間，定期以空拍機依據經緯度及不同高度拍攝生長狀態，且嘉義縣農會會有專員在拍攝期間在現場見證並記錄過程。採收當日以及茶菁發酵製作的過程中，我們將其製程制定標準的 SOP 作業程序，並以 FB 直播方式錄製且上鏈；而這些過程都讓消費者全程參與並無死角地全部都能即時看到，就算無法即時看到的，也可以透過我們給每包阿里山茶葉發出的「農產區塊鏈身分證號」查看到上鏈的記錄過程或以此後製「縮時影片」。確保消費者在阿里山茶製作並包裝完成時，立即就能知道所購買的茶葉的每一件包裝的序號、當批次茶葉採收的總量、製作完成後的總重量以及所能銷售的銷售數量。

當消費者付款完成後的一日內，消費者將會收到由茶農發出的嘉義幣，這個嘉義幣也是以智能合約的形式存在於手機 App 裡的消費者條款中，並與消費者約定，嘉義幣不能經由線上消費抵用，只能到嘉義縣當地線下消費時抵用，希望大家在享受並品茗清香的阿里山茶的時候，能夠支持並感受這些農民對於「嘉義認同」的理念，也希望能到當地消費，回饋當地，並對嘉義縣的經濟做再度消費的二度刺激。如果消費者無法在約定的時間內到嘉義縣消費，則系統會協助農民將其電子錢包內的嘉義幣減值回農民，再由農民同意下，轉為嘉義縣境內的社會福利支出，如清寒家庭的嘉義幣子女獎學

金、老人長照的用途等等。而以嘉義幣形式發出的清寒家庭子女獎學金可以確保這些較偏遠的村鄉家庭的子女所領到的獎勵，能夠用於購買家庭生活必需品，不用擔心被家長拿去做不適當的花用，如買酒、簽賭之類。而當未來嘉義縣境內的農產品共同加入的比例越來越高，消費者有越來越多人到嘉義縣觀光或遊玩，也能刺激嘉義縣的觀光休閒農業的發展。

　　初期經嘉義縣政府與縣農會等商定，將協調嘉義縣境內的相關飯店、農會營業部門等都能使用嘉義幣，讓消費者到了嘉義可以抵用住宿費或到農會購買農產品，再慢慢推廣至全嘉義縣境內的相關民生經濟產業。

第四節　社區貨幣如何帶動地方經濟與地方創生

　　社區貨幣的主要目的在於：「排除社區外部因素對社區內部經濟的負面影響，以維持社區內經濟運行的獨立性，並鎖住社區經濟發展不外溢，甚至加速社區內經濟流動速度，達成社區內經濟成長的主要目標。」

一、社區貨幣中「社區」的範圍界定

　　社區的範圍可以是街廓、集合居住範圍、鄉鎮，甚至到縣市範圍。

二、社區貨幣的特徵

　　傳統社區貨幣的幾個特徵包括：受限定的流通範圍、勞動力交換、兌換法幣存在限制、不具時間價值（利息）等；隨著科技的融入，甚至讓社區貨幣價值與時間成反向關係，限定社區貨幣不流通的時間長度，讓持有社區貨幣時間越久，其價值越低。

　　因此，社區住民取得社區貨幣的目的通常是為了直接換取商品和服務。社區貨幣不具備時間價值、甚至持有時間越久其價值越低的特性，使持有者沒有儲存意願，也保證了社區貨幣不沉澱的良好流動性。

　　社區貨幣存在的目的不是要取代法幣，是要補充法幣對社區經濟帶來負向影響的缺失性功能，繼而擔任「補充性貨幣」（Complementary

Currency）的角色。

　　跨國企業或全國連鎖型企業，他們在當地的分支機構每月都會將營業所得扣除當地開銷，如人事、房租、水電等費用，以及一定的零用金與營運準備金後，其剩餘部分將匯回總部或分區管理部門所在城市。在地居民或企業在不考慮品質、行為慣性等因素，沒有跟在地企業或商家購買，而是向外地企業或商家購買所需要的產品，在地居民或企業必須將款項匯出給外地企業或商家。以上的案例比比皆是，在地經濟就因為法幣流通無限制的特點，而無聲無息地被帶走了。

　　為了改善法幣對社區經濟帶來負向影響的缺失性功能，社區貨幣被賦予了限定區域當地流通使用、兌換法幣存在限制、沒有利息、甚至是持有時間越久其價值越低的部分或多數特徵，希望能夠促進在地經濟循環發展而不外溢。

　　想像一下，台灣是由 22 個社區（區域範圍為縣市）經濟組成的一個更大範圍的區域經濟體，每個社區經濟都有內生市場循環、外部市場流入及流出至外部市場等三種經濟流向。流出至外部市場的部分是以法幣方式的錢財花在社區以外的商店，流到外部市場流通後，以法幣存在方式的錢財就不再存在於該社區中，這是法定貨幣的本質。

　　過去在去除貿易壁壘（Trade Barrier），風行簽署自由貿易協定（Free Trade Agreement, FTA）的全球化影響下，各國的貿易、投資與勞動力的密切往來，已形成休戚與共、經濟連動的緊密關係，一旦全球經濟出現衝擊而發生危機時，區域內經濟便會與之受到連動與衝擊。

　　如本章節開始提及的 2008 年源起於美國次級房貸信用危機的金融海嘯，卻讓全球經濟體共同承擔。台灣經濟成長組成中，相當部分依靠對美國的出口，當身為全球經濟龍頭的美國經濟衰退、消費力下降而嚴重影響台灣進出口貿易產業時，使得出口值創下自西元 2000 年網路泡沫危機以來的最大減幅。且由於出口衰退，進而導致當時眾多工廠倒閉和企業裁員，而當時電子業在 2008 至 2009 年期間的無薪假與裁員報導，更是引發了國人對於經濟成長的重大信心危機，令人印象深刻至今。

美國哥倫比亞大學經濟史學教授亞當‧圖澤（Adam Tooze）在 2018 年出版專書《崩盤》（*Crashed*）直言：「2008 年的金融危機從未真正結束。」現今歐美民粹主義政治，正是金融海嘯的後遺症。

已故經濟學家約翰‧高伯瑞（John K. Galbraith）1990 年出版的《金融狂熱簡史》（*A Short History of Financial Euphoria*）書中提到，人們對金融風暴的記憶時間不超過 20 年，當投機泡沫崩盤瓦解，理財金童受到懲罰，財務金融理財學門或許不若往日風光，但不到 20 年另一批金融天才又再出現，相關學科也再度熱門，金融創新又受到禮讚，買空賣空再度大行其道，實質製造經濟又被晾在一旁，沒多久再出現瘋狂炒作，接著則是轟然瓦解崩盤，經濟大災難降臨。高伯瑞無奈地告訴我們：「除了更清楚掌握投機傾向與過程外，我們能做的似乎很有限。」也就是說，將歷史事件始末詳述，讓世人了解來龍去脈，強化自己的懷疑態度是唯一治療方式。

危機發生的可能性遠超出我們的想像，我們需要一套獨立於全球財富網絡之外的在地貨幣系統，保護地方市場免於遭受全球經濟衝擊。

《找尋明天的答案》一書則提及，「我們已經打造了貨幣的全球單一化」，各國透過所創造的單一貨幣，就好比一座單一物種的冷杉林，假使有天某種疾病爆發，整座森林很容易就被吞噬殆盡；若森林中還有橡樹、樺樹等其他多元植物同時生長，不同物種間能抵抗外力的程度也不同，那麼這個生態系統將會具備更佳的恢復力──發行「社區貨幣」即是增添了單一貨幣制的多樣性，讓城市在面對經濟變動時，能有較良好的恢復力。社區貨幣並非要取代法定貨幣，而是擔任補充貨幣的角色，讓許多在主流機制中不被重視、沒有市場價值的小型勞務或商品，能在社區交易中產生價值，透過嶄新的交易模式，擺脫主流金錢遊戲中所隱藏的功利和剝削。

三、社區貨幣的在地認同

以地方名稱命名的社區貨幣，通常能爭取到當地住民的在地認同。

李淑萍（2012）認為地方認同是指當人對地方的一切人、事、物有所了解、認知並融入了感情，將自己視為地方的一分子，進而覺得自己屬於這個

地方並產生認同與歸屬感，進一步願意付出實際的行動來保存地方人文、參與地方建設、珍惜愛護地方環境與促進地方族群融合的心理歷程，就是地方認同。

Hammitt & Stewart (1996)，將地方連結分五種層次：

(一) 地方熟悉感：為最基礎的感情連結，為從地方的相識的人與記憶而得來的動人回憶、屬性、認知意義及環境意象。

(二) 地方歸屬感：涉及了地方上的社會關係，為個人是否能從地方環境上感受到自我在地方團體之中。

(三) 地方認同感：被定義為自我認同與地方關聯的部分，涉及相關於實體環境的個人理想、利益、偏好、感受、價值觀與行為傾向。

(四) 地方依賴感：涉及地方所能提供的需求，著重於個人是否能在地方上滿足機能上的需求。

(五) 地方根深柢固感：最高層次，也是比較罕見的，為個人對地方最強烈的情感連結，個人將地方視為「家」，並從中獲得安心感與舒適感。

社區貨幣運行的成功與否與在地商家及居民的參與程度至關重要，而歸屬感、認同感及參與感正是在地認同最重要的三大元素。因此，社區貨幣制度的設計，應該要能融入這三項元素於其內。

四、地方創生

「地方創生」[1] 之概念源於 2014 年日本安倍內閣所提出的地方治理新模式，又稱「激勵地方小經濟圈再生」政策（ちほうそうせい），其施政重點主要為解決三大問題：人口高齡化和負成長造成的勞動力人口減少、人口過度集中都會區（尤其是東京），以及地方人口外流以致人力資源不足而使地方經濟發展面臨困境之情形。

---

1 謝子涵（2018），〈日本地方創生交付補助金政策——關鍵績效指標及績效管理制度〉，《新社會政策》，第 58 期，2018 年 8 月 15 日。

(一) 日本的地方創生

　　日本地方創生概念緣起於自 2008 年以來，日本人口開始加劇下降，導致消費和經濟實力下降，成為日本經濟和社會的沉重負擔。

　　日本地方創生之目標，在於鼓勵日本國民維持在當地工作，為地區創造新人潮，並使地方年輕人能在家鄉安心結婚育兒，此外，讓各地結合地理及人文特色，發展出最適合地方的產業，中央和地方持續合作以實現地方政府的永續發展目標。

　　日本在推行地方創生交付金政策前，有「故鄉創生」政策，提供一億日圓地方政府做建設，然而效果有限，沒有「可經得起檢驗」的成果，也無制定「政策評價」機制，遭到許多批判。

(二) 台灣的地方創生——2019：台灣地方創生元年

　　時任行政院長的賴清德於 2018 年 5 月 21 日宣布 2019 年為地方創生元年，計畫推出台灣地方創生國家戰略，達到均衡台灣的目標，解決總人口減少、高齡化及人口過度集中大都市等問題，同時學習日本地方創生相關政策，將規劃建置地方經濟分析資料庫、進行縣（市）及鄉（鎮市區）的地方創生示範計畫及規劃作業指引、分階段補助地方政府地方創生規劃。

　　台灣負責地方創生的主要行政部門為行政院國家發展委員會，簡稱國發會。國發會借鑑並提出地方創生的政策目標在於「創造工作機會、減緩人口（減少）問題、提升生養後代的條件、為地方創造生機。」而政策方向是要鼓勵與支持關心地方發展的人士以及其自發的行動，包括「動員產官學社各界、共同參詳以建立共識、發想創意行動，並匯聚公私部門的資源。」

　　2018 年 8 月，國發會談論地方創生政策時提到，台灣目前社會發展遭遇的困難與挑戰是消費模式、家庭組織型態、社會網絡建構模式的顯著改變，使得二戰後主流的「大量生產、大量消費」經濟模式面臨困境，也造成生養下一代與照顧長者的責任無人承擔。其中台灣人口發展的問題已經到了迫在眉睫的程度，預估 2024 年，台灣會達到人口最高峰 2,370 萬；接著進入人口負成長時代，預計約 35 年後，台灣人口數將少於 2,000 萬。同時 10

年後台灣將進入超高齡社會，老年人口數為總人口的兩成以上。此外，區域發展不均——尤其是城鄉之間發展差距、都市至上主義與鄉村缺乏自信的問題，亦亟需面對。

(三) 地方創生的主要目標

地方創生政策除了強調在地性、自發與集體行動外，更聚焦於人口、經濟與產業問題的解決！

政府主導的地方創生案件容易因為缺乏成本效益概念，造成方案本身無法自主永續經營。因此日本「地方創生達人」木下齊（Kinoshita Hitoshi）提出，由民間主導、創造利潤、對市場的理解，以及提前確立可行的商轉模式，是地方創生成功的關鍵。

(四) 社區貨幣與地方創生

從社區貨幣與地方創生的內涵元素中我們可以找到雙方的交集：地方經濟弱化問題的解決。

社區貨幣的主要目的就是為了「排除社區外部因素對社區內部經濟的負面影響，以維持社區內經濟運行的獨立性，並鎖住社區經濟發展不外溢，甚至加速社區內經濟流動速度，達成社區內經濟成長的主要目標。」

社區貨幣的成功與否，和「在地認同」有著不可分割的緊密特性，有了當地居民在地性的認同，才有自發性地參與運作的可能性，而且解決了地方經濟的問題，對於當地人口外移的減緩或抑制也就能水到渠成。因此，社區貨幣的執行成效對於達成地方創生的目標可以說是完全正相關，地方創生如果有社區貨幣制度的輔助，也將能事半功倍，效果更佳。

五、他山之石──日本商圈應用大數據之案例

大數據利用時代已全面展開。在這種情況下，從營銷角度查看大數據並在營銷演變中加以利用。大數據時代的市場營銷應該是什麼？透過具體的例子討論了大數據的獨特性和隨之而來的變化，以及大數據在營銷發展中的價值。

📖 案例一　日本品川區中延商店街

　　在大數據利用時代已全面展開情況下，從商店經營和商品行銷角度看大數據在其中演變帶來的效益，以及大數據在營銷發展中的價值。

一、大數據增強了買賣雙方的匹配能力並促進整合

　　簡單來說就是並用統計數據和戰略方法於大數據應用。大數據具有大量樣本，在分析時無法確定總體，並且數據變量很多。當高速處理資料時，分析、確認和處理將同步進行。當今的組織在制定決策和採取行動需時要花費時間分析，PDCA（Plan Do Check Action 的簡稱）週期通常也需要時間，但無法及時使用大數據。

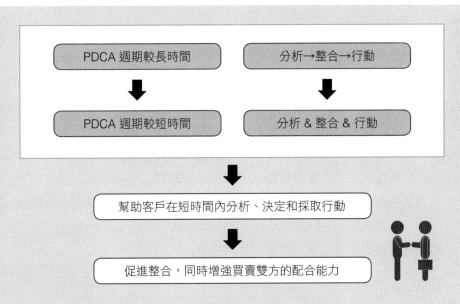

資料來源：中華科技金融學會 2019 年度論壇報告

圖 4-8　以大數據應用協助 PDCA 及時決策和行動

(一) 以行銷關係為目的，其中關係創造了銷售黏著度

另一方面，未來的市場營銷是一種關係為目的的。

行銷關係可作為一種銷售手段，藉以吸引消費者並銷售其產品。行銷可以分為兩個部分：創造需求的關係和合作營銷的發展。行銷旨在「客戶店家關係為目的」，行銷需要持續地、積極地與客戶互動，並且一直持續以維持黏著度。

在日本品川區中延商店街，他們創建了「城市禮賓服務」同時，回應顧客在購物區中想要找尋的設施，這種關係促成了買賣。購物街的生氣勃勃可能基於大數據的積累，從而加深了與顧客的關係。另一方面，合作營銷的例子是消費者透過 PC、NB 或手機與設計師交談以訂製作品。在此情形下，買賣雙方共享數據並透過各種數據協同工作。

(二) 由公司與具有大量訊息的客戶之間的互動而產生的新興營銷

網絡管理的興起積累了大量數據，因此應用大數據分析，提供生產和配送程序進行整合的契機，可以了解庫存資料與實際庫存之間的差距，從而可以進行準確的庫存預測，避免供應中斷。

此外，與該行業相關的業務的發展，例如便利店與生活方式的緊密距離，醫療保健業務的興起以及智能醫療的發展，也將有所進展。在這樣的部署中需要大數據。重要的是，網絡的價值取決於數據收集。您積累的數據越多，網路就越有價值。那就是大數據的含義。

客戶參與創造價值，客戶不是「客戶」而是合作者。與透過專業知識和互聯網獲得更多訊息的客戶發生衝突：大數據形式的數據量越大，衝突越多，就會發現更多新發現並出現營銷有可能。

 案例二　DMO（Destination Management/Marketing Organization）和購物中心

本例是利用大數據「可視化」區域和微數據營銷的重要性。

一、量化 docomo 移動漫遊數據

本例是利用在行動電話連接機制中生成的運營數據匯總的統計訊息。在過去的一年中，大約有 2,869 萬外國遊客到日本，對大約 750 萬個漫遊終端進行抽樣，這些漫遊終端可以從入境到出境，因此樣本數量很大，數據可靠性也很高。

實例是熊本縣八代市，透過數據分析掌握外國人的趨勢。由熊本縣八代市 DMO 八代和 docomo Insight Marketing 直接承擔業務。八代市是熊本縣第二大人口。在旅遊業戰略中已增強獲利能力、區域合作、市場營銷和促銷的四大支柱，重點一直放在市場營銷上，並且已經利用了大數據。

執行程序：首先是做出「情境假設」。第二是收集數據的「驗證」。第三，考慮下一個「點擊／打卡」。這種方式強調的營銷目的是根據數據而不是憑直覺、經驗和感覺來進行措施和業務，再透過對八代

資料來源：https://mobaku.jp/

圖 4-9　docomo 空間統計資料

市各個地區的動態調查「可視化」資訊，用簡單的數據找到該地區的優勢。

二、在購物街中，微數據分析可與銷售直接相關

在一條購物街上，調查實際在這裡的外國遊客並挖掘他們的需求很重要。例如：在購物街上排滿了來自全國各地的餐具和用具，喜歡烹飪的外國遊客會去尋找廚房用具和其他炊具。如在那裡建立免稅櫃檯導致了市場數據的積累，不僅可以共享每個商店的訊息，而且可以共享購物街中所有參與商店的數據。

利用數據的特性，從宏觀到微觀，具有科學知識的入站數據營銷將變得越來越重要。

案例三　城崎溫泉

一、利用大數據的本質

城崎溫泉觀光協會要為了實踐目標，從系統到雲端服務將組織的資源集中在數據利用上。從網頁上傳遞溫泉小鎮有趣的資訊，更靠近遊客的旅遊願望。另外，透過手機和智慧型手機中包含的 IC 卡功能，使用收集到的數據來振興這座城市。客人入住日式旅館時，可以用手機或智慧型手機代替錢包，這樣不用花錢就可以參觀溫泉，然後在紀念品商店購物。

在個人保護隱私資訊之際，也積累遊客的使用歷史，使他們以模式定量分析其活動。

資料來源：https://kinosaki-spa.gr.jp/

資料來源：https://www.salesforce.com/jp/blog/2013/12/vol2-bigdata.html
By Shuichi Inada

圖 4-10　城崎溫泉觀光協會網頁

二、關鍵是「量化」和更快的決策

使用城崎溫泉數據的關鍵是「量化」並加快決策速度。透過數據分析，不僅可以了解遊客的流量，還可以量化事件和廣告的影響並獲得客觀的了解。此外，可以了解趨勢變化，可以採取有效措施並改善服務和公共關係的風格。

三、根據問題明確目的

理想的數據應用是以客觀的數字掌握公司活動的狀態，從而改變員工的意識和行為以及公司的宗旨和理念。它導致有效實現，並帶來利潤。但是，很少會從頭到尾使用數據。入門也很重要。大數據應用主要目標是提高營銷準確性，及早發現和管理風險以及為維護和運營增加價值。

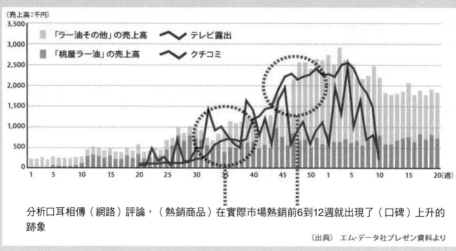

事前預測熱門商品案例（食用辣油）

分析口耳相傳（網路）評論，（熱銷商品）在實際市場熱銷前6到12週就出現了（口碑）上升的跡象

〈出典〉エム・データ社プレゼン資料より

圖 4-11　POS 數據和口碑傳播預測準確的效果

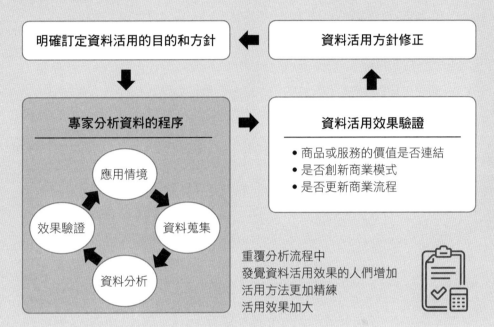

圖 4-12　收集積累數據扭轉分析和利用的週期

　　重要的是使用數據分析結果進行決策並在其運營中制定決策部門的參與。

四、需要積極的管理參與

　　同樣重要的是，管理階層是否參與其中並導致解決管理問題。分析用戶評論和按「讚」的點擊次數。評估價值需要使用各種數據。同樣值得記住的是遊客最初尋求的服務的價值。應用大數據時，除了了解數據分析的可靠性和消費者的反應，長遠來看，決策速度加快，組織績效本身不斷提高，也是追求的價值。在年輕人積極行動的組織中，時代變遷中，利用年輕力量在轉變業務流程中扮演著關鍵角色。

第五章
數位貨幣、金融科技
與數位經濟

One must imagine Sisyphus happy.
我們應當想像薛西弗斯是快樂的。

~~Albert Camus 亞伯‧卡繆

（創新帶來新的風險，為了解決這些風險又帶來新
的創新──天下哪有白避的風險。）

第一節　數位貨幣的起源與定義[1]

　　電子貨幣屬於目前商業活動新興的貨幣支付模式，其業務功能是從最早期塑膠貨幣中的儲值卡與交通卡（如悠遊卡）發展而來，在人手一機的時代，越來越少人出門會攜帶大量的現金與實體卡片（信用卡與會員儲值卡等）進行消費，又或是商業模式逐漸朝向線上虛擬場景，因而越來越多以網路形式儲存的電子貨幣出現盛行，像是我國的電子支付與零售業 App 的電子錢包。

　　然而自 2013 年後，隨著加密數位貨幣興起，人們所接觸到的貨幣越來越多，型態上也從有形到無形。在本節，我們試著幫讀者整理出電子貨幣與虛擬貨幣的差異，本書並將此兩者統稱為「數位貨幣」[2]。

一、數位貨幣的定義

　　我國中央銀行對數位貨幣（Digital Currency）的定義，係依照貨幣是否以法定貨幣計價，將數位貨幣分成「電子貨幣（E-Money）」及「虛擬貨幣（Virtual Currency）[3]」兩類，整理如下[4]：

(一) 電子貨幣（E-Money）

　　電子貨幣係指以電子載具（如晶片卡、晶片金融卡、電腦及手機等）儲存法定貨幣價值，透過電子方式發動或傳輸交易資料，用以替代實體現金完成款項支付的貨幣；無論以何種型態存在、透過哪些機構流通，最初的價值來源都是法定貨幣。因此電子貨幣指的是法定貨幣的無紙化、電子化。依照

1　以下部分內容改寫自沈中華（2019），《貨幣銀行學：全球的觀點》，新陸書局，第六版，2019 年 6 月。

2　不過以下及第六章第一節將提到之央行數位貨幣 CBDC，則皆譯為──「數位貨幣」。

3　我國央行似乎比較偏好「虛擬通貨」一詞，在此為讀者與「電子貨幣」有明確之對比，因此仍取名為「虛擬貨幣」。

4　中央銀行（2016），〈3 月 24 日央行理監事會後記者會參考資料〉，中央銀行新聞參考資料。

表 5-1　數位貨幣的分類

數位貨幣					
分類	電子貨幣				虛擬貨幣	
	中央銀行發行		非中央銀行發行		封閉式	開放式
發行流通方式	直接	間接（二元）	金融機構	非金融機構	特定虛擬環境	跨境流通
與法定貨幣關聯	法定貨幣計價（法定貨幣電子化）				非法定貨幣計價	
實例	尚未有流通發行實例		網路銀行	第三方支付	遊戲幣	比特幣

發行機構是否為中央銀行，可以將電子貨幣分為兩類。

1. 非中央銀行發行的電子貨幣

   現在市面上大部分的電子貨幣雖不是由中央銀行發行，而是在主管機關相關法規的許可下，由存款機構或電子支付機構發行，是一種能被廣泛流通使用的貨幣。其設計目的主要是作為法定貨幣的傳輸工具。例如：

   (1) 由金融機構發行的現金卡、晶片金融卡、網路銀行帳戶等；

   (2) 由非金融機構發行以卡片形式儲存價值的現金儲值卡（如悠遊卡）；

   (3) 第三方支付儲值帳戶（如歐付寶、街口支付、LINE Pay Money）等。

2. 中央銀行發行的電子貨幣

   上述非中央銀行發行的電子貨幣發展已行之多年，但隨著近幾年去中心化加密數位貨幣的迅速發展，越來越多人發現作為一種全新的貨幣及支付工具，如：去中心化加密數位貨幣能夠大幅提升金融交易效率與安全性、降低交易成本，因而對法定貨幣系統帶來了一定的衝擊。

   但對中央銀行來說，發行貨幣是一種主權象徵，法定貨幣有政府信用保證，大家信賴政府，方能維護穩定、安全的金融體系基礎。因此全球主要國家（例如：英國、中國、瑞典、加拿大等）的中央銀行已逐漸意識到唯

有發行中央銀行的數位貨幣（Central Bank Digital Currency, CBDC），才能有效保證法定貨幣的市場地位，並享有數位貨幣帶來的諸多優點，而且達到去現金化的主要目標。

有關各國央行對 CBDC 的動向，將於本書第六章第一節有比較詳細的介紹。

(二) 虛擬貨幣（Virtual Currency）

虛擬貨幣同屬數位貨幣的一種，和電子貨幣一樣，都是貨幣價值的數位化。但虛擬貨幣並非法定貨幣的數位化，也非以法定貨幣為計價基礎，而是有自己的計價單位，通常由私人機構發行，只要交易雙方同意使用，就可以作為各種交易目的支付工具。

國際貨幣基金（IMF）根據其對真實商品、服務、法定貨幣或其他虛擬貨幣的轉換能力，將虛擬貨幣分為「封閉式」與「開放式」兩種體系[5]。

1. 「封閉式」虛擬貨幣

為不可轉換（Non-Convertible）之虛擬貨幣，是在一個獨立封閉的虛擬環境中單獨操作，對法定貨幣（或其他虛擬貨幣）或虛擬環境以外之商品與服務間的兌換有顯著限制，例如遊戲幣，用來購買特定遊戲中的裝備、寶物、服裝等。

2. 「開放式」虛擬貨幣

為可轉換（Convertible）之虛擬貨幣，允許虛擬貨幣對法定貨幣（或其他虛擬貨幣）或實體商品與服務間進行兌換，與真實經濟體間的交互程度遠大於封閉式虛擬貨幣。如比特幣、瑞波幣及萊特幣等。

3. 虛擬貨幣之加密數位貨幣[6]

為了追求更完美的社會經濟交易方式和全球貿易便利的期望下，誕生了數位貨幣，而加密數位貨幣的起源，還是得從比特幣的創造開始說起。

數位貨幣的起源可以追溯到 20 世紀 90 年代，電子黃金是最普及的形式之

---

5 IMF. (2016). Virtual Currencies and Beyond: Initial Considerations. IMF Staff Discussion Notes.

6 赤道鏈，數位貨幣的起源和演變，2018 年 10 月 22 日，參考網址：http://www.chidaolian.com/article-15175-1。

一。電子黃金在 1999 年問世，它是以真實的貴金屬為基礎。另一個數位貨幣服務是 LR，成立在 2006 年，是一家位於中美洲的線上支付公司。它可以讓用戶將美元或者歐元兌換成 LR，並且僅需 1% 的交易費用就可以自由地交換。這種雙向服務被一些人用來洗錢，因此不可避免地被美國政府以洗錢的指控而關閉。

然後，2008 年「中本聰」在密碼學論壇發表了一篇《比特幣：一種點對點的電子現金系統》，由此誕生了加密數位貨幣——比特幣。和法定貨幣相比，比特幣沒有一個集中的發行方（即一般所稱之「去中心化」），而是由網路節點的計算生成，是由電腦生成的一串串複雜代碼組成。任何人都可以挖掘、購買、出售比特幣，並且是匿名交易，且不可篡改。

加密數位貨幣和之前的傳統貨幣形式相比，最大的創新在於區塊鏈這項新技術的底層支援。區塊鏈（公鏈）的五大特性：去中心化、開放性、自治性、匿名性和資訊不可篡改性。從資料角度來看，區塊鏈能實現資料的分散式記錄和分散式存儲；從效果上來看，區塊鏈可以生成一套按照時間順序記錄的不可篡改可信任的資料庫，而且這套資料庫不是存儲在某一個中心伺服器上。所以，區塊鏈技術就是透過去中心、去信任和加密演算法去維護的一整套資料庫運轉技術。

從貨幣的進化和發展規律來看，加密數位貨幣應該是未來的發展趨勢，而區塊鏈是目前眾多基礎技術協議中得以驗證最可靠，並完全滿足貨幣發行、流通、監管等各個環節需求的技術。

未來經濟型態之主要特點將是智慧經濟，資產數位化。而未來數位貨幣的發展將最終實現資產數位化。已經有不少區塊鏈應用著眼於未來的數位化資產服務，如 NEO。根據《NEO 白皮書》所述，NEO 是一種智慧經濟發布式網路，NEO 利用區塊鏈技術和數位身分進行資產數位化，依智能合約對數位資產進行自動化管理，實現「智慧經濟」的一種分散式網路。我們將在本章第二節對區塊鏈技術有更為詳細的介紹。

二、台灣電子貨幣的發展

(一) 意義

　　電子貨幣（E-Money）以無實體的形式存在於實體卡片形式（如：儲值卡、悠遊卡）、網絡形式（App），是第二波去現金化的交易媒介（第一波為前述的塑膠貨幣），也是以電子方式儲存法定貨幣價值的預付工具。所以，它的內涵價值仍然是政府允許且具有無限法償的貨幣，但它的載體改變了，從最早的一張印刷精美的紙，到塑膠貨幣，再到以電子形式承載。

　　隨著金融科技快速崛起，由於支付及國內轉帳不觸及銀行法，世界各國非金融業者爭相搶進行動支付與轉帳（以下均指國內）領域的發展，但與此同時，信用卡、簽帳卡本身的重要性不減反增，原因在於信用卡（包括簽帳卡）代表的是實質交易的代收付功能，而行動支付的本質，也是獨立於商戶與用戶之間的平台，因此在歐美國家與亞洲，行動支付平台都利用信用卡的綁定進行支付功能，後續延伸出轉帳與儲值等功能。也就是購買東西→綁定信用卡（或簽帳金融卡）或銀行帳戶→使用行動支付。

　　惟台灣行動支付業務型態的多元並進發展，讀者在判斷業務時，仍需謹慎注意，有的屬於電子貨幣，有的因只能承載信用卡而無法以電子貨幣稱之，可以透過本書第二章第一節的台灣行動支付六大分類加以辨明。

(二) 台灣電子貨幣的形式

　　電子貨幣的儲存形式主要有儲值卡、電子票證、電子支付與電子錢包四大型態，發行者可能是金融機構或非金融機構。電子貨幣發行者通常是一個平台，並以該國的無限法償貨幣作為內涵價值，因此最終由中央銀行為其幣值背書；而且，負責儲值的平台往往需透過信託專戶與銀行十足履約保證兩大方式，保管用戶大眾所存入的法定貨幣，不得私自挪用，以持維護用戶權益。

　　為了讓大家了解令人感到眼花撩亂的電子貨幣發展，我們的討論將聚焦於平台是否可承作下列三項業務為主：支付、轉帳（國內平台內部帳戶）以

及儲值作為分類（電子貨幣沒有提款功能），我們透過表 5-2 讓大家了解台灣四大電子貨幣的發展與分類。

1. 儲值卡：

發行者多為零售餐飲業者，其目的是透過消費者先付（Pay Before）價金的型態，以創造消費者忠誠度與回購率（我們可以這樣想，當我有一筆儲值金存放在店家手上，則我們會想盡辦法快點消費支付，不會讓自己的錢白白送給店家，當然如果你忘了自己有這樣的一筆儲值金，則就成為發行者的沉澱資金），又或是較高的會員點數回饋率以形成較好的行銷手段，其使用場景較為封閉，意即僅能於發行者的平台消費使用。過去手機 App 尚未普及時，業者以實體儲值卡與會員卡進行業務推廣；近年行動支付快速發展，逐漸朝向電子錢包模式發展，像是過去的實體摩斯卡，近年朝向數位虛擬化的 MOS Order App 內建的摩斯行動卡發展，又或是深受家庭主婦所推崇的全聯福利卡，也朝向 PX Pay 發展。

2. 電子票證：

具有儲值及支付的功能，但是不能轉帳，指以電子、磁力或光學形式儲存金錢價值，並含有資料儲存或計算功能之晶片、卡片、憑證或其他形式之債據，作為多用途支付使用之工具。有別於前段所提及儲值卡（封閉式）應用；一開始電子票證出現的目的是為方便整合大眾運輸交通的支付（參見圖 5-1），後漸漸法規開放，得以將應用場景從交通支付，擴及到小額消費（開放式），且其受到金管會專法所管轄。

3. 電子支付：

是目前電子貨幣業務最多元的支付平台，但法規與資本額門檻也是要求最為嚴格的一種，可支付、儲值與轉帳（目前需是同一平台帳戶）[7]，可同時綁定信用卡或銀行帳戶，如「街口支付」與「LINE Pay Money」相繼在各自支付平台發展出過年發紅包、朋友聚餐的 AA 分攤付款的應用，以進行上述相關業務，皆為取得電子支付執照後，法規所允許。

7　因目前新電子支付機構管理條例尚未通過，因此用戶還無法進行跨平台轉帳。

4. 電子錢包：

零售餐飲業者自行開發自家 App，我們可以稱之為自家的電子錢包，以滿足不帶現金消費趨勢與回饋用戶，培養用戶忠誠度的時代，基本功能大同小異，多為將會員條碼、會員點數、行動支付與電子發票整合進入電子錢包 App，可以儲值、支付，不能轉帳，也可與信用卡結合，但是該類型電子錢包只限單一店家使用，且僅能透過綁定信用卡（或簽帳金融卡），進行支付與儲值的功能，開發此電子錢包不需有任何電子支付相關執照。目前台灣用戶數與討論度最高的電子錢包以 7-ELEVEN 的 OPEN 錢包、全家的 My FamiPay 與全聯 PX Pay 為指標。

圖 5-1　公車刷卡機，我國四種電子票證與一家電子支付業者

表 5-2　台灣四種電子貨幣發展比較表

電子貨幣	儲值卡	電子票證	電子支付	電子錢包
主管機關	經濟部	金管會	金管會	經濟部
起始年分	無特別分界	2009	2015	無特別分界
法規	1.商品（服務）禮券定型化契約應記載及不得記載事項 2.預收款需進行信託或是取得銀行十足履約保證	電子票證發行管理條例	電子支付機構管理條例	1.商品（服務）禮券定型化契約應記載及不得記載事項 2.預收款需進行信託或是取得銀行十足履約保證
資本額	無規定（公司部門）	新台幣 3,000 萬	新台幣 5 億	無規定（多為公司部門）
主要功能	可儲值、可支付	可儲值、不可轉帳，儲值金額上限新台幣 1 萬	帳戶可儲值、轉帳，可從事代收、代付，儲值金額上限新台幣 5 萬（按分類帳戶可調整）	可儲值與綁定信用卡進行商戶支付並可能有轉贈之功能
實體卡片	有實體卡	有實體卡	無、業者可能與銀行發行聯名卡	無
市場代表者	摩斯卡 星巴克隨行卡 麥當勞點點卡	悠遊卡、一卡通、愛金卡（icash）、遠鑫電子票證（HappyCash 有錢卡）	街口支付 橘子支、歐付寶 ezPay 簡單付 LINE Pay Money 悠遊付、icash Pay	OPEN 錢包 PX Pay My FamiPay

資料來源：作者整理

　　然讀者必定有疑問，本書第二章第三節所提及第三方支付與裝置載體支付業務型態是否屬於電子貨幣呢？作者認為依照目前我國法規與實務面而論，由於這兩者業務所綁定的支付工具僅為信用卡（或簽帳金融卡），且無法提供用戶進行儲值，因此無法以電子貨幣稱之。另外第三方支付的原意是指獨立於買家與賣家以外的第三方，透過實質金流的代收與代付功能，以保障買家與賣家能夠同時進行商品與金流的履約義務，惟後續延伸「儲值」與「轉帳」業務或是相關金流附隨業務，其才受到我國電子支付機構管理條例（即第三方支付「專法」）所監管，此業務型態即為電子支付。

　　這也是 2020 年 12 月我國指標性顧客對顧客（Customer to Customer, C2C）電商平台蝦皮拍賣向金管會申請電子支付執照的主因，過去蝦皮的內建愛貝錢包[8] 為第三方支付業務，然其所保管代理收付款項總餘額超過新台幣 10 億元，按照主管機關相關規範要求其須申請電子支付執照，未來其資本額也須從新台幣 500 萬元增資至 5 億元，以符合修法後之電子支付專法所規範，同時意謂其業務也趨向多元。

LINE Pay 還是 LINE Pay Money？你我分不清

　　台灣的行動支付業者與相關電子支付法規的多元化，令人看得眼花撩亂，以下我們就透過最為人所知的 LINE Pay 說明如何區別：

　　一個觀念，「LINE Pay」本身並不等於「LINE Pay Money」！原因在於「LINE Pay」是第三方支付，本身並未取得電子支付執照，故 LINE Pay 本身無法儲值與轉帳，其用戶僅能透過綁定信用卡（或是簽帳金融卡）進行支付動作；但是 2018 年 LINE Pay（母公司為連加網路商業）取得具有兼營電子支付執照的一卡通公司 30% 股權後，成立了一個叫 LINE Pay 一卡通（現更名為 LINE Pay Money）的部門，大部分人不知道使用 LINE 的好友轉帳與群組收付款，是因為上述事件之後才得以擴展其業務至轉帳與儲值相關應用。

8　參照我國經濟部工商登記，蝦皮子公司經營愛貝錢包之營運主體公司已從愛貝股份更名為蝦皮支付。

一、LINE Pay：是第三方支付公司，僅能綁定與 LINE Pay 合作的信用卡（或是簽帳金融卡）於全台與 LINE Pay 合作的商戶進行支付。對於沒有符合資格申辦信用卡的學生族群是一大不便之處。

二、LINE Pay Money：是電子支付部門，可以透過綁定「銀行帳戶」與「信用卡」，進行轉帳、儲值以及支付，例如：LINE 好友轉帳、LINE 群組收款、發紅包、乘車碼搭乘大眾交通工具以及生活繳費（水費、電費與合作縣市的停車費）等。

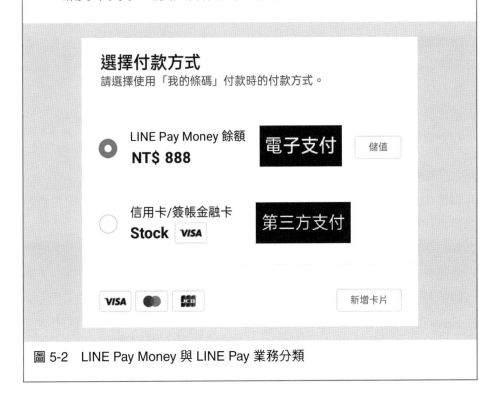

圖 5-2　LINE Pay Money 與 LINE Pay 業務分類

三、虛擬貨幣（Virtual Currency）

(一) 定義

虛擬貨幣可由大家用電腦挖掘，或由私人企業或各國央行發行，就私人企業發行的數位貨幣，往往具有自訂的計價單位，而不是以法償貨幣作為計

價單位，故商家可不接受它為交易媒介。

(二) 價值的決定

　　虛擬貨幣流通不受國界的限制，且此類型數位貨幣具有稀少，無內涵價值，也無實體的特性，其價值由市場供需決定，故價格易受到市場訊息所影響，價格波動劇烈源自於常規交易市場對於該貨幣的信心程度而決定其價格走勢。想要投資買入該類型虛擬貨幣必須謹慎，大多政府目前視它為商品，比如：比特幣。

(三) 虛擬貨幣究竟是否可以成為貨幣的交易媒介（支付功能）需要參考的要素

1. 所有店家（而非部分店家）是否接受虛擬貨幣作為交易媒介。
2. 該虛擬貨幣是否得以用於繳稅，倘若可以，則等同該國央行與政府認同該虛擬貨幣之法幣定位。

(四) 各國監管單位對於虛擬貨幣能否具備任何作為法定貨幣的看法

1. 根據 2012 年歐洲央行定義虛擬貨幣為：「一種無法律約束，由開發者發行與管控，在特定虛擬社群成員中接受和使用的數位貨幣。」
2. 2013 年，美國財政部金融犯罪執法網絡（FinCEN）定義其為：「虛擬貨幣為在某些環境下，像實體貨幣一樣運作的交換媒介，惟不具備實體貨幣的所有屬性。」並不具有法定貨幣的地位。
3. 2014 年，歐洲銀行業管理局定義其為：「並非由央行或政府部門發行的，也不必與法定貨幣相關聯的一種數位形式的價值，但是它作為一種支付途徑被自然人和法人所接受，並可以電子式地轉帳、儲存和交易。」

(五) 臉書穩定幣 Diem[9]（前稱 Libra）的出現

　　臉書穩定幣 Diem 最早名為 Libra，其名字來自重量測量單位，即天秤

9　Diem 是拉丁文中的「天」（day），有新的一天的含意。

座的意思，同時也是英鎊符號，Libra 是由 Facebook[10] 在 2019 年 6 月發起創立的虛擬穩定幣，其目的是為了讓廣大的 Facebook 用戶能夠享受到金融支付的服務，對於許多印度或是拉丁美洲國家的用戶而言，每個人也許會擁有「多個」Facebook 帳戶，但不一定擁有「一個」銀行帳戶，Libra 的發起表面上是為了發揮普惠金融，但更深的意義是透過臉書的無國界與豐富的企業生態，成為跨國交易的媒介。

Libra 出現後，各國央行要求進行監管，其中 2020 年 12 月的 G7 峰會也針對臉書穩定幣計畫評論，認為合宜的管制框架能避免 Libra 破壞金融穩定性，並且能促進納稅義務履行，協助政府制定資安、網路隱私等消費者保護措施；反之，如果未能對其落實監管，可能將引發洗錢、恐怖主義融資等風險。

2020 年 12 月，Libra 宣布更名為 Diem 並計畫於 2021 年上線，同時原本承載 Libra 的錢包「Caribra」也一併更名為「Novi」，負責實際營運的 Libra 協會也更名 Diem 協會。目前，更名後的 Diem 項目正在與瑞士金融市場監管局（FINMA）合作。

比特幣（Bitcoin）是貨幣嗎？

一、基本資料

比特幣是 2008 年由署名為「中本聰」（Satoshi Nakamoto）的個人或團體所提出的一種虛擬商品的概念。比特幣的首次問世是在 2009 年 1 月 3 日，由「中本聰」挖出 50 個單位比特幣。不同於傳統貨幣，比特幣的發行機制不由中央發行機構發行，而是由一組網路代碼所組成，發行數量由電腦程式自動控制。

---

10 2019 年 11 月 Facebook 於旗下的社群平台臉書、IG 與 Whats APP 美國市場推出 Facebook Pay，必須跟各位讀者說明 Facebook Pay 的計價單位仍是以美國的法定貨幣美元為基準，其所承載綁定的支付工具為信用卡或簽帳金融卡，近似我國的 LINE Pay，惟須注意各國法規對於相關業務差異；而臉書的 Novi 錢包內所承載的計價單位為 Diem 穩定幣，雖然其仍以美元作為錨定貨幣但發行本質上與 Facebook Pay 仍有極大差異。

比特幣的取得須透過一種稱為「挖礦」（mining）的過程來產生。參與者經由解開「中本聰」所設計的數學運算問題來獲得報償（即比特幣）。因需要高效能電腦設備與時間來運算，困難度高，因類似「挖礦」而得此名。除了挖礦外，亦可透過網路交易平台以交易方式取得。

目前全球流通約 1,200 萬個單位比特幣，而比特幣的發行上限為 2,100 萬個單位。

二、供給面與需求面

(一) 供給面：發行數量有限，取得不易，具稀少性

比特幣最終發行數量訂有上限（2,100 萬單位），發行方式由電腦程式自動化控制，每年發行數量有限且逐年遞減，目前流通的比特幣數量約 1,200 萬單位。

比特幣因供給量數量有限，取得不易，具稀少性，易成為炒作目標，價格易受需求面因素影響，而大幅波動，投機性甚為強烈。

(二) 需求面：從人為投機炒作到企業接受比特幣支付

比特幣被視為全球新興投資商品，投機炒作風氣盛行；2013 年 11 月以來，原先炒作黃金的「中國大媽」開始炒作比特幣，導致需求量大增。

且因少數商品接受可用比特幣支付取得，經由媒體渲染及網路傳播，使比特幣被誤導為具有貨幣交易媒介功能。

然而隨著 2020 年新冠疫情爆發，美國聯準會與歐洲央行乃至於全球央行為挽救萎靡不振的實體經濟因而加大貨幣寬鬆力道，造成法定貨幣價值下滑，而在比特幣發行量固定的特性下，成為金融資本市場爭相追求的投資標的物，並且在特定科技網路企業購買與推出相關金融投資商品漸而推升比特幣的價格來到高點，像是 2021 年 2 月初美國電動車龍頭特斯拉（Tesla）購入價值 15 億美元比特幣，3 月中國大陸知名修圖軟體商美圖（Meitu）也宣布花費 4,000 萬美元購買比特幣、

以太幣，另外 2 月中加拿大也核准發行全球首支比特幣 ETF（Purpose Bitcoin ETF），此後 3 月24 日特斯拉執行長馬斯克（Elon Musk）也表示可用比特幣購買特斯拉，上述種種改變皆為比特幣創造了一定程度的聲量。

三、比特幣不是貨幣

(一) 貨幣是「交易媒介」，必須符合「應為社會大眾所普遍接受」之定義，性質上比特幣屬於一種數位「虛擬商品」，不是真正的貨幣。但是科技的日新月異，世事變幻莫測，未來比特幣到底是「虛擬商品」還是屬於「交易媒介的貨幣」？仍有待持續關注。

(二) 因比特幣價值不穩定，難以具有記帳單位及價值儲存的功能特性。

(三) 且比特幣非由任何國家貨幣當局發行，不具法償效力，亦無發行準備及兌償保證，持有者須承擔可能無法兌償或流通的風險。
依據中央銀行法規定，央行發行之貨幣為國幣，對於國內之一切支付，方具有法償效力。

四、比特幣屬「虛擬商品」

(一) 可能產生投資（投機）風險及兌換風險。
儲存於電子錢包之比特幣易遭駭客竊取和病毒攻擊，而產生平白消失的風險。

(二) 往來的交易平台也可能惡意倒閉，或因涉及非法交易而遭政府關站產生風險。

(三) 因缺乏專屬法規之交易保障機制，可能有淪為販毒、洗錢、走私等非法交易工具之風險。

(四) 比特幣的會計項目定義：倘若長期而論企業開始接受比特幣作為消費者支付的「對價商品」，就目前比特幣價格波動劇烈的特性下，是否會對公司會計帳務產生一定衝擊，值得讀者們長期注意。

(五) 產生能源過度消耗：由於比特幣是透過「挖礦」所產生，過程需透

過電腦進行龐大且複雜運算，因此比特幣也衍生出耗電的能源消耗問題，漸而提高了比特幣的碳足跡（Carbon Footprint）。荷蘭金融經濟學家 Alex de Vries 在《焦耳》雜誌中提及他創建的比特幣能源消耗指數，一筆比特幣交易「相當於 735,121 筆 Visa 交易的碳足跡，或者 55,280 小時觀看 YouTube 的碳足跡。」用以量化比特幣網路的能源使用情況[11]。

五、各國觀點

比特幣屬高度投機的數位「虛擬商品」，且缺乏專屬的交易保障機制，必須特別注意風險！

(一) 歐洲銀行業監管局（EBA）呼籲消費者務必了解虛擬貨幣不受法律保護，須注意各項交易風險，如交易平台倒閉、非法使用風險、網路被駭風險、市場及兌換風險等。

(二) 中國大陸人行行長周小川亦聲明，比特幣出台太快，不夠慎重，迅速擴大或蔓延，會給消費者帶來負面影響，也會對金融穩定造成影響。

(三) 丹麥擬將虛擬貨幣投資風險納入法規規範，以保護消費者權益。

(四) 我國央行及金管會則呼籲社會大眾，必須注意接受、交易或持有比特幣的相關風險。

相較於信用卡，可以儲值消費的如悠遊卡，才是電子貨幣。而電子貨幣還能進一步細分成實體卡片形式或網路形式。悠遊卡即為實體卡片形式的電子貨幣，而第三方（行動）支付儲值帳戶則為網路形式的電子貨幣，例如街口支付、LINE Pay Money、icash Pay 等。第三方（行動）支付較為單純，只要能以手機、穿戴式裝置等行動裝置支付的電子錢包，都算是行動支付，可以把手機變成信用卡，卡片資訊全都儲存在手機中，對店家來說，他

---

11 轉載自 T 客邦，文潔琳、蕭閎云，〈一筆比特幣交易碳足跡相當刷卡 73 萬次！沒買幣的人反要為缺電、晶片短缺危機買單？〉，數位時代 Business Next，2021 年 3 月 23 日。

表 5-3　六大貨幣特性比較

貨幣特性＼貨幣種類	商品貨幣	金屬貨幣	法定貨幣	社區貨幣	塑膠貨幣	數位貨幣
儲藏性	低	低	中	中	高	高
攜帶性	低	低	中	中	中	高
穩定性	低	中	高	高	高	電子貨幣高虛擬貨幣低

資料來源：引用自沈中華與蘇哲緯〈金融科技發展：數位貨幣創新〉之手寫稿

要透過手機行動支付收到付款，就必須具備感應式刷卡機。至於街口支付、LINE Pay、icash Pay 這類第三方支付則不太一樣，由業者建立一個獨立的收單平台，通常是一個手機應用軟體 App，然後自行招商、同時尋找會員（消費者），會員在這些業者建立的支付體系上消費時，可以綁定信用卡或金融卡，或是儲值一筆錢。也有一些業者會提供購物金，其實也是變相的儲值，會員與平台特約商家交易，業者就能因此賺到一筆手續費。

第二節　金融科技——區塊鏈：科技賦能下的新型態貨幣

一、區塊鏈的歷史與發展

(一) 區塊鏈的歷史與比特幣

2008 年中本聰首先於「比特幣白皮書[12]」中提出區塊鏈（Blockchain）的概念，並在 2009 年創立了比特幣網路，開發出第一個區塊，即「創世區塊」。區塊鏈共享價值體系首先被眾多的加密貨幣效仿，並在工作量證明上和演算法上進行了改進，如採用權益證明和 Scrypt 演算法。隨後出現了首次代幣發售 ICO、智能合約、區塊鏈、以太坊、與資產代幣化共享經濟。目

---

12 Bitcoin: a peer-to-peer electronic cash system (2008).

前人們正在利用這一共享價值體系，開發去中心化電腦程式（Decentralized applications, Dapp），在全球各地構建去中心化自主組織和去中心化自主社群（Decentralized Autonomous Society, DAS）。

　　區塊鏈是藉由密碼學串接並保護內容的串聯文字記錄（又稱區塊）。每一個區塊包含了前一個區塊的加密雜湊、相應時間戳記以及交易資料（通常用默克爾樹（Merkle Tree）演算法計算的雜湊值表示），這樣的設計使得區塊內容具有難以篡改的特性，區塊不斷地疊加上去的原理，也就是區塊鏈的名稱由來。區塊鏈所串接的分散式帳本能讓兩方有效記錄交易，且可永久查驗此交易。

　　虛擬貨幣是自比特幣之後依據區塊鏈的若干基礎下演化創造出的其他數位貨幣。比特幣中的每個區塊由上一個區塊的雜湊、交易基本資訊、調節數等元素構成，礦工透過工作量證明（POW）實現對帳本區塊和區塊安全性的維持，協定約定了區塊生成速度而產生的目標值，透過不斷進行雜湊運算而算出對應雜湊值使其滿足當時相對的目標值，最先計算出的礦工可以獲得上一個區塊交易雜湊值，並整合交易資料為一個帳本區塊並廣播到分散帳本，其他礦工則可以知道新區塊已生成並知道該區塊的雜湊值（作為下一個區塊的「上一個區塊的雜湊值」），從而放棄當前待處理的區塊資料生成，並投入到新一輪的區塊生成。

(二) 共識與驗證機制

　　虛擬貨幣的主要差異點在於「共識機制」的不同，其中數量種類最多的為工作量證明（POW）的貨幣，其次為持有量證明（POS）的貨幣。

1. 工作量證明（Proof of Work, POW）

區塊鏈的工作量證明 POW，主要是以 SHA256 函數，也就是 2 的 256 次方為函數，讓算力的提供者也是所謂的礦工，將它們的電腦設備也就是算力提供出來，誰的設備優先算出 2 的 256 次函數值，就獲得區塊鏈節點記帳的權利，並且以此來獲取比特幣作為報酬。工作量證明（POW）的貨幣依據演算設計的不同，可分為以下類別：

表 5-4　共識機制之比較表*

類型	說明	幣圈	優點	缺點
POW	礦工透過生成與交易相關的哈希值來挖掘區塊。礦工嘗試許多不同的「工作」，產生新的區塊，並獲得報酬。	Bitcoin, Ethereum	不需要任何信用或授權即可保證貨幣的價值。	速度慢，需要解決問題才能發出（例如：比特幣 10 分鐘，以太幣 15 秒）。
POS	區塊是由持有貨幣者權益為基礎，並按他們的股份成比例地進行獎勵。持有的狀態自然激勵他們成為好行為者。	Nxt, Ardor95, Algorand96	以持有為基礎，但任何人都可以加入。	持有者受到控制時可能導致無法運作，但它可能比 POW 快得多。
DPOS	代幣持有人投票透過一組可以重複表決的新超級節點。且代幣持有者可以投票給多個超級節點。	Ethereum Sidechain Fuse, EOS97	由持有者選擇代理人，將使效能更快。	比 POW 快得多，但由於投票率和投票交易量低，傾向於中心化。
POA	由少數預先批准身分的參與者進行驗證，這些參與者是系統的主導者，身分可以透過輪流或是競爭的方式取得。	Ethereum Sidechains (xDai); Hyperledger Fabric	設定少數人進行驗證，回到中心化。	比 POW 快得多，趨於集中化，如關鍵節點離開，將使系統停滯。

資料來源：主要參考自丹麥紅十字會（2020），*The Next Generation Humanitarian Distributed Platform* 之整理。

(1) 基於 SHA-256：比特幣、比特幣現金、域名幣、紐比特、點點幣、NeuCoin。

(2) 基於 Ethash：以太坊。

(3) 基於 Scrypt：Bitconnect、多吉幣、羽毛幣、萊特幣。

(4) 基於 Equihash：比特幣黃金、比特幣私密、Zcash。

2. 持有量證明（又稱權益證明，Proof of Stake, POS）

工作量證明的缺點是其所需要的資源消耗量過大，也需要巨量的電力需求，因此衍生了持有量證明模式，稱為 POS。持有量證明所根據的基礎是以虛擬貨幣的幣齡（或持有幣的時間）及份額來當作工作節點的工作證明機制，並以此作為區塊鏈的帳務節點，它的缺點是會有富者恆富的問題，持有貨幣越多的人，他獲得節點上權利的可能性越高，好處是效率的大幅提高。

比較知名的持有量證明（POS）類別的貨幣包括了：艾達幣、格雷德幣。

(三) 區塊鏈的特性

區塊鏈可幫助保證交易的有效性。它透過將事務記錄在連接的分布性系統上來記錄事務，所有這些都透過安全驗證機制進行通信。區塊鏈技術的獨特特性包括：

1. 透明度

每筆交易的數據記錄嵌入到整個網路中，並能與節點位址關聯，每個比特幣都編碼了所有交易的歷史記錄。鏈上的每筆交易都是公開的，並記錄在系統中的每個節點上。

2. 匿名

比特幣和許多其他加密貨幣被認為是「假名」。假名是透過使用所謂的公共和私有「密鑰」來實現的。「公鑰」（一長串隨機生成的字母數字代碼）是用戶在區塊鏈上的地址。透過網路發送的比特幣被記錄為屬於該地址。除非有人知道特定所有者的地址，否則不會明確標識比特幣地址的所有者。「私鑰」就像是一個密碼，可讓其所有者訪問其加密貨幣。保護個

人的數位資產需要透過列印出來或等效的方式來保護私鑰。這被稱為「錢包」的創建。

3. 不可欺詐

要改變區塊鏈上的任何資訊單元將需要大量的計算力來重新覆蓋整個網路。另一方面是，每個區塊鏈交易與身分驗證過程都緊密關聯。

4. 去中心化

區塊鏈以點對點「節點」運行，形成一個區塊鏈網路，並執行驗證和中繼所有交易。每個加入網路的新節點都將自動獲得整個區塊鏈的副本。

二、區塊鏈的社區貨幣應用

(一) 應用的類型與範圍

　　區塊鏈的應用上可以區分為本質上的應用，以及加值性的應用。本質的應用是以非對稱性的加密來做共同記帳，還有 SHA256 函數的應用，通常就是被稱為「幣圈」，幣圈的應用展現就是加密貨幣或是所謂虛擬貨幣，如比特幣，但是容易涉及洗錢並且有高度的投機性。針對商業上的加值性應用，我們稱為「鏈圈」，如分散式帳本、智能合約，還有所謂的 DAPP 即是分散式的應用功能，也就是去中心化的應用，其主要價值在於提供保護性與可溯源性。在聯盟鏈中，以 IBM 為主要技術捐贈者的 Hyperledger Fabric 商業應用區塊鏈，架構並替代了現有全球航運貨運的集中式中央系統，可提供全世界各地貨櫃委託業者即時性證明它們的所有權機制，並能夠大幅降低帳務成本，並作為即時結算的應用。

　　基於以太坊的 DAPP 應用（https://www.stateofthedapps.com/）有超過 3,700 種不同的區塊鏈應用，該技術的應用包括共享經濟（就像是沒有中心者的 Uber）、眾籌（以太坊占了 64%）、選舉、點對點購買（OpenBazaar：https://www.openbazaar.org/，像是基於以太坊的 eBay）、供應鏈審計、及各類型財務性投資，並且還在以越來越快的速度增長。

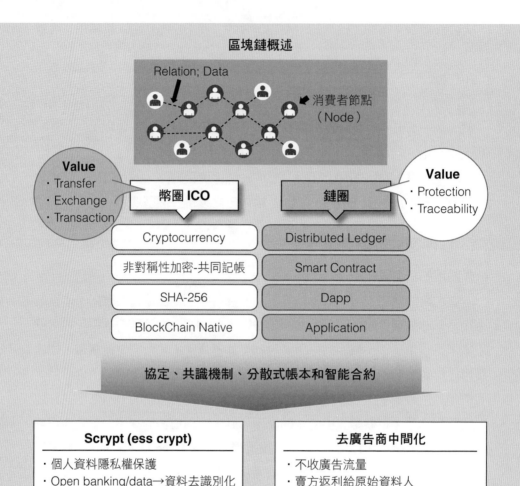

圖 5-3　區塊鏈的幣圈與鏈圈

(二) 社區貨幣數位化與虛擬化演進

　　高雄幣結合社區貨幣與區塊鏈的應用，即為一種鏈圈上的應用，把礦工的概念轉化為在零售市場上，消費者推動經濟發展所提供的報酬，消費者本身是一個節點也是一個分配者，以及傳播者的概念，所以消費者在扮演資料的貢獻者，以及社區經濟運轉的傳播者角色，以它們對於社區經濟的流通

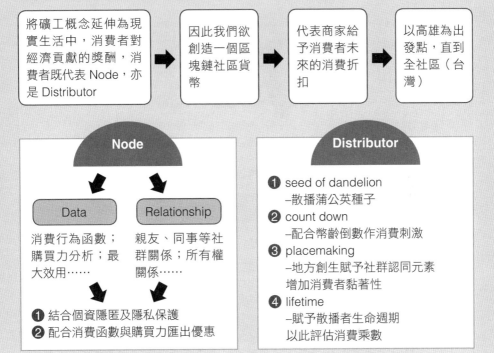

圖 5-4 區塊鏈社區貨幣與商業模式

性，利用高雄幣作為消費者的報酬，使傳播者具有散播蒲公英種子的效果；配合 POS 的機制，利用持有貨幣的時間戳記，反向應用，並利用幣齡的倒數計算機制，來刺激消費。另外地方創生也賦予了社群認同的元素，例如高雄幣就代表了對高雄地區的認同，限制流通於高雄地區來提高客戶的黏著性，並且利用散布者在一個幣齡的週期內，記錄完整的消費函數。

社區貨幣對於增加當地中小企業收入與弱勢經濟，已經證明有許多好處，但使用率不高是常有的問題。在擁有超過 40 萬居民和數千家小型企業的英國布里斯托市（Bristol），當地的社區貨幣布里斯托鎊（Bristol Pound）大約只有被 2,000 多名個人會員和 800 家企業所接受，因為發行布里斯托鎊需要付出高昂的代價，像是實體紙幣的特別印刷，監管和分發，並

要收取轉換費。由於社區貨幣的營運者通常是非營利組織，因此都常需要地方政府支持或共同分擔費用。

因為智能科技與運算技術的大幅進步，社區貨幣從過去的實體紙鈔逐漸演變為數位貨幣的型態，再納入區塊鏈本身分散與中心化的特性，嘗試以虛擬貨幣的形式與其替代貨幣的性質結合，除了期待能降低營運成本及擴大服務範圍外（如：時間銀行），並希望透過監控與追蹤交易以了解資金如何散發，有效評估整體效益。

表 5-5　實體、數位與虛擬社區貨幣特性比較

特性	虛擬化社區貨幣	數位社區貨幣	傳統社區貨幣
中介組織的影響	朝向直接點對點的交易與匯款型態	地區銀行、私人 IT 系統	地區銀行配合
系統與制度管理	治理與系統整合下，並利用私有鏈、聯盟鏈來進行差異規範	客製化 IT 需求，以及系統更新	以公告規範要求參與者
成本效益	開源系統營運成本較低、具有防竄改與安全性高	私系統營運成本、駭客攻擊防範	紙幣發行成本
公共利益的衡量	透過加密、不可更改與溯源的特性，提高對於公益價值衡量的可信度，並可進行去識別化的分析	公眾利益揭露與私有利益隱私難兼顧，衡量利益的公正性難確保	欠缺對於公眾利益評估之有效工具
正面回饋效益	商家進一步可針對客戶行為提供差異回饋	提供客戶發現或推薦商家功能	總體一致的回饋與獎勵
跨區域流通	社區貨幣機制間轉換的彈性	釘住法定貨幣	釘住法定貨幣

資料來源：作者整理

(三) 虛擬化社區貨幣之運作

在瑞士管理社區貨幣 e-Leman 的 ComChain，是一種在以太坊上運行的私有區塊鏈的解決方案，並將貨幣（不論實體或電子）寫入區塊鏈中，若有攻擊或遺失則可立刻註銷並回復。Leman 區塊鏈上的 Biletujo 電子錢包支付應用程式非常巧妙，不僅用於消費使用，也鼓勵商家以此作為支付勞務與進貨結算使用。因此它結合了兩種補充本地貨幣之創新方法，分別是保證貨幣和信用整合：

1. 法定通貨保證貨幣（Lake Geneva guaranteed）

以瑞士法郎購買紙鈔或電子錢包。瑞士法郎作為抵押存託在專業銀行中。

2. 信用整合（Pooled credit）

該功能主要提供給商家與企業。每筆交易同時以正數（在賣方帳戶上）和負數（在買方帳戶上）記帳。再以淨額方式來支付勞務與商品的支出，在此商家的信用就很重要，而不是靠法幣來保證。

在 2020 年為因應新冠疫情，日內瓦市行政委員會採取緊急和立即措施，為商家、酒吧和餐館、醫療保健服務和消費者提供財政支持。向消費者提供 20% 的折扣來促進經濟發展，如果使用 Leman，則減少 33%。在第一波的行動中（2020/11/15~2021/01/15），有 213 家企業達了近 65,000 筆交易使用，售出總金額超過 880 萬法郎。接受 Leman 的 32 家參與商激勵營收達 200 萬，其中包括直接使用 Leman 約 25 萬法郎（占 13%），第二波的金額預估仍可創造營收 400 萬法郎。

在肯亞，2019 年由於面對新冠疫情危機和總統 Uhuru Kenyatta 推動數位支付，因而對於社區貨幣的需求增加，庶民經濟組織（Grass-Root Economic）與丹麥紅十字會合作在肯亞首都奈洛比東部的穆庫魯地區啟動了社區貨幣（Community Inclusion Currency, CIC）計畫，是基於區塊鏈的 eVoucher，用以解決本國貨幣的不足並購買基本生活必需品，庶民經濟組織自 2020 年 4 月推出 CIC 以來，已有將近 20 萬人加入，產生了 22,700 筆交易與超過 40 萬美元的經濟價值。他們的技術也部署在以太坊的側鏈上，並

為少數以 Oracle 系統進行權益證明的機制。

(四) 互助信用制度（Mutual Credit）的區塊鏈應用

　　社區貨幣從傳統消費支付的地區貨幣，進展到提供記錄社會與公益的時間的時間銀行，以納入社區協作與參與的功能，因此所要登錄的不僅是消費記錄，更需要包含提供勞務於公共事務的回饋，區塊鏈在時間戳記的運用就更加凸顯，這種強調社區參與的應用更符合直覺與期待。

　　英格蘭北部的赫爾市正在發展 HullCoin（http://www.hull-coin.org/），是一種加密貨幣，用於為公益服務而支付的費用。該計畫的主要目的是改善貧困人民生活，參考 Michael Linton 1982 年在加拿大 Comox Valley 所構思的「Covestment」方案，參與者除了商家、個人（可能同時是消費者與公共勞務提供者），也必須包含公共或公益等非營利組織。首先，由非營利機構聯合起來發行該貨幣，這裡貨幣的價值仍是來自於政府或捐獻，並不是如「Covestment」所設想來自於商家；幣值是預先設定好的（pre-mined），不須透過耗能的礦工。人們將透過參與機構認可的活動來賺取 HullCoin，透過智慧型手機上的應用程式進行記錄，在參與商家的折扣上加以實現。

　　透過區塊鏈平台點對點的交易記錄，每個「貨幣」都能留下每種活動的記錄，接著商家能為那些希望鼓勵或不太吸引人的工作提供更優惠的折扣，如：長照、照顧流浪動物等，負責監督該計畫的組織可以立即確認正在流通的 HullCoin 數量，以及監控貨幣在各項目流動的情況以提出改善，希望能透過回饋機制產生正向循環的效果。

　　在美國，InvolveMINT 是另一種用於社會福利的本地貨幣。該貨幣於 2017 年開始在匹茲堡運作。與 HullCoin 類似，但是理念主要來自英國最大的互助信用系統——Spice（屬於 King foundation 支持）。InvolveMINT 允許其參與者找到他們可以從事的志願服務機會和項目，並給他們時間貨幣。透過此種方式，他們每工作一小時就能賺取一次加密貨幣。該應用程式更強調能追蹤各項技能和服務時間，方便服務者找到最適合的項目。

　　與 HullCoin 不同的是，它沒有強大的地方政府或傳統基金會的支持，

貨幣的發出是來自於商家提供的消費禮券與折扣，所以它必須將團購網 Groupon 的功能納入，合計約 60 多家志願機構與商家加入。不過，一開始是由內部自願者捐獻了 5,500 小時作為貨幣基礎，目前流通在外貨幣金額約 8,800 美元，估計帶動經濟影響約 50 萬餘美元，因大部分依賴自主財源，使得規模成長有限，但比較像當初 Michael Linton 原始的「Covestment」社區互助的想法。連帶一提，為了自己的經濟平衡，參與者都是兼職的。

可以看到目前在區塊鏈支持下的一些具有代表性社區貨幣的發展，但社區作為法幣的補充貨幣，很難同時兼顧交易、儲存、計價與信用（延期支付）的功能，因此在吸引一般人使用的誘因上常有不足，而且安全性在公開的環境下挑戰也很大，因此大多需要地方政府或特定捐助支持。

除財源困難外，我們提出目前各國虛擬社區貨幣所遇到的問題讓大家參考：

1. 不肖人士大量蒐集回饋進行套利，與普遍提振經濟目標背道而行

南韓政府於第四次工業革命委員會將加密貨幣交易規範化，增強對營業執照或準則的要求，釜山市於 2019 年確立為區塊鏈發展特區，首先推出了去中心化身分驗證，2020 年並與韓國電信公司 KT 合作，發行「Camellia Jeon」（山茶花幣）的社區貨幣，並提供一定的銷售折扣（從最初的 4% 增加到 10%），並由市政府預算來支持；推出四個月後就達到了 3,000 億韓元的使用目標。截至目前，累計發行量為 1.2 兆韓元，認購人數達 87 萬，但一些不肖的商家成立地下「折扣集團」，大量蒐集回饋利益然後轉化為現金。KT 於 2020 年 10 月強化區塊鏈技術，檢測當地貨幣異常交易的系統，採用以太坊等外部區塊網絡連結，以分布式存儲方法記錄本地貨幣的分配過程，防止數據偽造並監控貨幣流量，即時發現被識別為異常交易的交易，並要求本地商家並必須重新申請審查取得支付證書。但因為回饋金的預算不足，市政府也曾回收部分已發行的山茶花幣。目前，韓國國會已通過金融服務委員會（Financial Service Commission, FSC）「特定金融交際資訊報告利用法」修訂案，來規範不法行為，並將於 2021 年 3 月正式實施。

2. 難與大型支付機構競爭，如 Apple Pay、Google Pay

　　2017 年新創公司 Colu 由電子支付為基礎進入社區貨幣的業務，先從所在國以色列的特拉維夫市開始，名為 The Pishpesh Shekel，後來一直延伸到海法市。他們採用以太坊的協定基礎建立的智能合約與分散式儲存 CLN（Colu Local Network）架構，透過在資本市場募得 280 萬美元，開始運作；參與商家曾高達 15 萬家以上，並計畫以 CLN 為基礎建立社區貨幣間的跨鏈經營模式。不過，它在 2020 年底宣布結束以色列的 CLN 業務，轉向美國市場發展，除維運成本太高外，也抱怨由於目前當地開放銀行（Open Banking）的法規規劃與進展將不利未來發展，不能改變現行大型支付商壟斷的現況，這樣的壟斷不僅在支付規模上，更是在個人資訊上與大型零售廣告競爭，加上以色列整體的經濟規模並不大，細緻化社區貨幣帶來的效益不大。

3. 沒有中心化與多元服務目標，採用區塊鏈價值無法彰顯

　　法國社區貨幣桃子幣（Eusko）應該算是歐洲最為成功的社區貨幣之一。在數位浪潮下，於 2017 年提供了 Euskocart 的電子化支付服務，並於 2018 年開始與 Comchain（日內瓦 Leman 社區貨幣的合作商）計畫納入區塊鏈模式，但根據 Pino（2019）調查，每月維運支出推估要 2 萬歐元，如果加上建置成本，三年內已經產生了近 260 萬歐元的支出，這些成本需要有具體結構調整的經濟效益來平衡，但最後 Eusko 管理營運仍然維持現況，如：維持中心化管理而非點對點、尚未考量多元化服務，例如跨入時間銀行領域來擴大服務範圍，仍維持在商品交易現況為主。

　　Pino（2020）歸納出以下問題[13]：

(1) 人員入門能力與管理經驗仍待培養。

(2) 所需投入成本太高（包括業務改造）。

(3) 目前還沒見到有持續性的經營模式。

---

13 參考自 Pinos, F.(2020) 'How could blockchain be a key resource in the value creation process of a local currency? A case study centered on eusko', *International Journal of Community Currency Research*, Volume 24, 1-13, Summer 2020.

　　歸納來說，區塊鏈支持的社區貨幣模式還需要長期的演進過程來驗證。

三、社群貨幣資本（Network Capital）

(一) 從地方走向全球，全球性社群貨幣應用

　　迄今，全球性社群貨幣之應用正風起雲湧，不斷推出中。西班牙的自由主義倡議機構 Faircoop 於 2017 年 7 月發布 FairCoin，希望能將世界各地的社區貨幣整合起來，讓每個社區貨幣都是一個合作節點，並引入了新的「合作證明」（POC Cooperation）算法，來取代高耗能的 POW 的驗證模式。創新的「合作驗證的節點」（Cooperation Validation Node, CVN）可以創建區塊並實現安全性，每個 CVN 收到所有必要的簽名後，將新交易形成一個新的區塊，然後存儲在分布式的區塊鏈資料庫中，當然最近越活躍的節點越有大的機會獲得報酬，Faircoin 透過建立社區貨幣的全球生態系，以增強流通性並形成價值，並認為現行的比特幣只是另一個資本主義運作與環境負擔特徵的產品，因此它的幣值設計與歐元掛鉤。

　　另外，太陽能發電本身就具有分散性與多樣性的特徵，吸引了許多機構希望能將區塊鏈的機制納入管理架構。其中以太坊的便利性、彈性與相對低耗能性在這個領域被廣泛地接受。在鏈圈中以澳洲 Power Ledger 公司為例，它將購電合約納入智能合約的規範中，採用點對點的結算機制，並協助追蹤各個發電節點的效益與監督，這樣的解決方案也得到印度、日本與馬來西亞等國相關機構的認可合作。

　　太陽能在幣圈的運用中，最知名的為 SolarCoin，是對太陽能生產商的獎勵方案。SolarCoin 基金會（2014 年設立於美國德拉瓦）提供生產商每生產一兆瓦時（MWh）換取一個 SolarCoin（SLR）的區塊鏈的虛擬貨幣，貨幣價值來自於需求與供給者間的網路效應之支持，根據網路效應資本（Network Capital）理論，它不僅僅是社會資本的累積，透過區塊鏈的交易媒介與信任功能，都會隨著網路不斷地擴大而強化，貨幣則是凸顯這樣的財富累積最好的工具，基金會則從中收取 10% 的費用來支應網路營運。目前也得到國際再生能源總署的認可，並已向 73 個國家的 4,350 個發電者發

行。由於目前各國政府降低對太陽能的政策補貼，這樣的社群貨幣也更能凸顯相關廠商的社會價值。

2021 年 2 月 9 日，特斯拉宣布已購買了價值 15 億美元的比特幣，並表示在合適的法律規範下，將準備開始接受以比特幣購車。

緊接著，美圖（Meitu）2021 年 3 月 7 日表示，公司在 3 月 5 日時分別斥資 2,210、1,790 萬美元購買 1.5 萬個以太幣（Ether）與 379.1 個比特幣，並稱此收購是公司內部批准的加密貨幣投資計畫，依計畫內容，美圖將可購買淨額不超過 1 億美元的加密貨幣，資金來源為公司現有現金。

這些震撼全球資本市場的新聞發布將虛擬貨幣在會計報表上的評價問題提前浮現。

(二) 從認同到收藏的虛擬貨幣──Non-Fungible Token（NFT）

自比特幣問世以來，區塊鏈已擴展應用到金融之外領域，藝術創作和交易市場就是一個明顯受惠於區塊鏈技術的例子。所謂的加密藝術（CryptoArt）作品，通常是指一件數位藝術品用非同質化代幣（Non-Fungible Token, NFT）給予標定，產生一個唯一且永久的連結，藝術家或收藏家便可用 NFT 聲稱他對作品的所有權，也可以透過 NFT 來轉移或銷售作品。

數位藝術品以區塊鏈技術，將作者、作品、創作日期、交易記錄、轉手人和所有人等資料寫入數位帳本，並產生相應的 NFT，這些資料難以竄改、偽造以及完全透明之外，藝術家和收藏家還能將作品存入數位錢包。若作品的所有權轉換，則包含交易時間、出價記錄和買家代號等資料會寫入新的區塊，並添加到既有的區塊後面。這些資料是去中心化的，非由特定資料庫或平台持有。加密藝術的支持者認為，NTF 的去中心化特徵幫助藝術界的網路節點──藝術家、收藏家和藝術愛好者等人──提供更好的環境保障。

NFT 又稱加密收藏品，是一資料建立在數位帳本（我們稱之為區塊鏈）上的單位，每一個 NFT 都代表著獨一無二的數位項目（Digital

Item），因此，這些 NFT 彼此之間是無法進行替換的。NFT 標示著數位檔案，如藝術、音樂、影視、廣播、遊戲內容物以及其他任何形式的創作產品。NFT 最大的功能是將所有藝術品的數位資料永久保存於區塊鏈上，根除藝術品竄改、造假問題。在 NFT 領域，作者、每一任購買、轉賣者、出售金額均永久保留於區塊鏈之上。但其最大的缺點在於，所有藝術品皆需以數位方式製作由電腦呈現，不像實體藝術品，可展示於現實世界。

2021 年 3 月初，Twitter 執行長 Jack Dorsey 以 NFT，將自己 15 年前在 Twitter 發出的第一則推文公開拍賣，後由區塊鏈技術公司 Bridge Oracle 執行長 Sina Estavi 以 1,630.58 以太幣得標，換算市值約為 275.5 萬美元，約為新台幣 7,849 萬元。數位藝術家 Beeple 將他自 2007 年 5 月 1 日至 2021 年 1 月 7 日間累積創作的 5,000 張畫作拼貼成的作品《Everydays: The First 5000 Days》，以 NFT 形式透過佳世得拍賣，以 6,930 萬美元天價賣出，折合新台幣約 19 億元。

NFT 受到許多電腦玩家推崇，許多 NFT 產品用於遊戲產業，提供遊戲商品讓玩家交易、收藏，NFT 也可以說是相當於加密版的稀有神奇寶貝和罕見球員卡。任何人都可以在線上免費觀看圖片、影片或是聽音樂（相當於複製、貼上的動作），NFT 的問世讓許多人相信虛擬事物的所有權也能加以證明。

NFT 開始於 2017 年，當時大多數都是投機活動，不過 2020 年的市場確實開始成熟起來，至於未來是否可能如 ICO 一般走入泡沫，尚待時間與收藏認同度的考驗。

(三) 社群貨幣資本評價的基本模式[14]

社群貨幣資本基本上是一種重要的網絡資本，所以其評價可以網絡資本的評價模式加以評價。

參考 Gegorty 與 Johnson（2018）的建議，社群貨幣的評價模型如下：

---

14 參考 Nick Gogerty, Paul Johnson (2018), 'Network Capital: Value of Currency Protocols Bitcoin & SolarCoin Cases in Context', *Columbia Business School Research Paper*, No. 19-2, Dec 2018.

$$P = Max(R, N + S)$$

其中：

1. P（Price）：該社群貨幣的價值。

2. R（Redemption Utility）：贖回效用，指明確可以換成諸如黃金或商品與勞務等的價值。

3. N（Network Unity）：網路效用，指網路上各參與者可能經由交易產生的預期效用或價值，這方面最基本的理論是所謂的梅特卡夫定律（Metcalfe's Law），它是由數學上推出其效用與使用者 (n) 的平方 (n(n-1)/2) 的近似值成正比。後來也有學者認為其過度樂觀，於是在不同假設（調和級數）下而加以修正為 nLog(n)。至於算出來的結果會面臨何種限制（例如語言的轉換），和要轉換成價值的乘數如何計算，則是另一個需要個案分析的問題。

4. S = Speculative utility：投機效用，在目前，這個資本與金融市場高度波動下，預期因為追求價差（或資本利得）所產生的效用。它可能受到系統風險，或其他投機商品的互補與替代效果，甚至政治環境的影響。

上面的理論基礎雖然提出已有一段期間，但因為社群貨幣資本的持續發展，創新性與複雜性，參數不易評估，還有變數之間的交叉互動也不穩定，目前實證研究並沒有一個公認的結論，有待更多的產學合作來加以驗證。

(四) 回顧、挑戰與機會

虛擬貨幣目前在實體經濟運作上仍不斷在演進，從地區貨幣、互助信用到全球性的社群貨幣，根據網路效應資本（Network Capital）的原理，如果僅用鏈圈思維，把區塊鏈當作是一種數位解決方案，創新的商業模式很難持續長久，甚至會被現有的各種數位方案打趴。

價值創造要從制度變革本身做起，回顧社會中心化制度，其存在是因為當多邊交易時需有要統一的制度、法規與系統進行協調才最有效率（缺點就是可能會僵化），尤其過去科技無法承擔點對點的交易。但是，現在區塊鏈

的系統進化已經走在前頭，首先應該思考在哪一些應用場景適合嘗試使用去中心化社會制度，像是新的領域，而不是一開始就要挑戰現行的中心化組織，例如再生能源隨著巴黎氣候協定的發展下，就是一個點對點交易的良好發展機會；此外 NFT 更凸顯了區塊鏈對於收藏品在價值儲存上的便利性；另外，像是由政府這樣的中心單位已經授權的第三方代理、監督與簽證機構（如：會計師、公證人等），本身就是以點對點的方式在營運，在此處進行改革，相信助力會大於阻力；當然，財源自主的區塊鏈經營上都需要透過發行貨幣（幣圈），才能建立市場機制並累積財富，當網路規模（隨著節點增加呈指數的成長）與連結的強度到一定程度，相信一定能累積出巨大的網路效益資本，甚至有機會幫我們解決很多中心化與第三方制度常見的代理問題，如究竟該是買方（投資人）付費或賣方（發行人）付費的問題。

第三節　金融科技──大數據：高雄幣用戶消費行為資料分析

　　高雄幣於 2019 年 1 月由中華科技金融學會正式推出，目的在推動高雄在地經濟、活絡商圈交易。時至今日，已經累積不少用戶消費行為的數據及商家資訊，更是社區貨幣與地方經濟的具體實踐。為了讓高雄幣能持續推廣運作，發揮功效，我們希望從大量的交易資料中，探勘出資料間是否具有相關性的隱藏規則，並進且一步透過這些相關性規則對於消費者進行店家類型的推薦，最終希望能從中獲得未來持續推動社區貨幣的驅動因子。

　　然而，高雄幣於 2019 年 1 月才開始發行，合作的店家與消費者資訊積累的期間並不長，在進行分析時有下列限制：

- 「光華夜市」店家數約 100 家，與高雄幣合作店家數 47 家，有交易資訊店家數為 41 家，分析涵蓋的店家約 4~5 成。
- 交易資訊不包含消費者於非高雄幣的合作店家之交易記錄、消費者未使用高雄幣抵用消費之交易記錄。
- 部分店家（尤其是名店）於生意繁忙時，未開啟相關功能，交易行為未被

記錄。

一、分析的資料範圍

(一) 採用資料相對完整之光華夜市（夜市）高雄幣交易資訊。

(二) 資料期間為 2019/01~2019/04 共四個月的消費者交易資料。

(三) 資料筆數共有 4,941 筆資料，涵蓋店家 41 家、消費者（消費者代號）
　　共 1,902 人。

二、商圈介紹

　　「光華夜市」地處高雄市百貨商圈之三多路及南高雄聯絡要道之光華路
交叉口，主要店家居三多路、廣西路之間，即圖 5-5 框起區域。

資料來源：作者整理

圖 5-5　光華夜市範圍

三、高雄幣用戶消費型態基礎分析

　　根據 2019/01~2019/04 期間的消費者至光華夜市消費交易資料，初步分
析有下：

(一) 消費者男女比率相當（52.75%、47.25%）。

(二) 消費時段高峰落於 18:00~21:00（第二高峰為 21:00 以後）。

(三) 多數消費者僅有一筆消費記錄（只去過一家店），約占 57.26%。猜測：消費者可能不只消費一家店或消費一項商品，但交易行為未被記錄；或是消費的店家中有非高雄幣合作店家。

(四) 交易偏好販賣飲料類店家（光華夜市店家消費者次數前 3 名）。

(五) 光華夜市高雄幣使用行為相對活絡，就光華夜市交易次數前 5 大之消費者（36~86 人次）來看，前 3 大亦名列不區分商圈（包括六合夜市、南華商圈）的前 5 名，幾乎都只在「光華夜市」一個商圈消費、集中於一家店消費。

(六) 短時間內有多筆交易者（幾分鐘內），可能是：

　　1. 消費店家不同，可能是一家人、一群朋友，多人共用同一高雄幣帳號。

　　2. 消費相同店家，可能是同一個人拆多筆付款（例如：同一家店買三個三明治，有三筆交易記錄），是否有效利用消費點數回饋？

(七) 忠實消費者：消費集中於特定店家（幾乎只要去光華夜市就會去的店家）。

(八) 勇於嘗試者：消費行為遍及光華夜市，甚至到其他商圈。

接下來，我們將利用下面二小節介紹的「四、購物籃分析（Market Basket Analysis）」與「五、推薦模型」的基本概念，分析高雄幣用戶消費偏好，進而挖掘出更深層的潛在規則。

四、購物籃分析（Market Basket Analysis）

又稱「關聯分析」，用在分析每一筆的交易內容，在大量交易資料中，購物籃分析能夠告訴分析者，消費者通常買什麼，哪些商品經常會被一起購

買，以及下一次可能會買什麼。最經典的案例就是啤酒與尿布[15]。

　　購物籃分析的演算概念主要為兩個機率統計量的計算，分別為支持度（Support）和信賴度（Confidence）。

　　舉例如下，假設我們蒐集到甲、乙、丙、丁、戊五人的交易記錄：

交易記錄	尿布 (A)	啤酒 (B)	餅乾 (C)	果汁 (D)	汽水 (E)	泡麵 (F)	水果 (G)
甲	1	1	1	1	0	0	0
乙	0	1	1	0	1	1	0
丙	1	0	1	0	0	0	1
丁	1	1	0	1	0	1	0
戊	0	0	0	0	1	0	1

(一) 支持度（Support）：在所有事件發生的狀況下，A 與 B 共同出現的機率 = $P(A \cap B)$。

例如：尿布、啤酒同時購買的機率為「2/5」。

(二) 信賴度（Confidence）：A 發生後，也發生 B 的機率 = $P(B|A)$。

例如：買了尿布後，也買啤酒的機率為「2/3」。

(三) 提升度（Lift）：即 A 又發生 B，與單純正常發生 B 的比例。一個強關聯規則，通常 Support 和 Confidence 值都高。但反過來 Support 和 Confidence 值都高，卻不一定代表這條關聯規則所指的事件彼此間就一定存在著高相關性。因此同時還需檢查 Lift 值是否大於 1。

---

15 世界最大的零售商 Wal-Mart 運用關聯分析的技術，從每日大量的商品交易資料中進行消費者購買商品間的關聯分析，結果意外發現星期四晚上有消費者通常同時購買啤酒與尿布。後來透過市場調查才得知，原來太太叮囑丈夫下班幫忙買尿布，40% 的先生買了尿布後，又會隨手拎幾罐啤酒。得到這樣的關聯規則，Wal-Mart 只做一件事，將啤酒與尿布擺在一起，結果兩者之銷售量皆成長 3 成。

> Lift 值 = Confidence/Expected Confidence，其中 Expected
> Confidence = P(B)。
> 當 Lift 值 > 1，則 A 與 B 之間有正向關係。
> 當 Lift 值 = 1，則 A 與 B 之間沒有關係。
> 當 Lift 值 < 1，則 A 與 B 之間有負向關係。

　　例如：買了尿布，也買啤酒的機率，與正常買啤酒之機率的比例為「(2/3)/(3/5) = 10/9」。

　　什麼樣的資料適合購物籃分析／關聯分析？購物籃分析不同於預測模型及分群分析，它所需的資料集格式須為交易型資料。購物籃分析用在分析每一筆的交易內容。在大量交易資料中，購物籃分析能夠告訴我們：消費者通常買什麼、哪些商品經常會被一起購買，以及下一次可能會買什麼。然而也並非所有的交易資料皆可進行購物籃分析，如果交易資料太少，商品品項或分類太少，以及購買者一次多只買一樣商品，則不適宜進行購物籃分析。

　　另外，若資料品項過多時，進行關聯分析的運算會成幾何級數增加；若分類過於繁雜，進行分析時也容易造成無用的關聯結果產生。

(一) Maximum Items：關聯品項最大組合限定。若需要規則越細緻越複雜可將此值調高一點。

(二) Minimum Confidence Level：最低信賴水準門檻值設定。若關聯規則過於複雜或簡單，可透過此參數值來調整。

(三) Support Percentage：支持度門檻值設定。若關聯規則過於複雜或簡單，可透過此參數值來調整。通常會先調整 Support 值，再調 Confidence 值。

　　依照 Lift 值的高低作排序，同時也顯示各規則的 Support 值與 Confidence 值。在 Lift 值大於 1 的同時，Support 值與 Confidence 值越大的即表示該規則具有正向的強關聯。把強關聯的規則過濾出來再一一檢視並透過業務經驗來解讀，從中找出潛在有用的商業規則。

五、推薦模型

利用某興趣相投、擁有共同經驗之群體的喜好來推薦使用者感興趣的資訊，並不利用物品的內容屬性計算物品之間的相似度，它主要透過分析用戶的行為記錄，計算物品之間的相似度。

本分析採用矩陣分解（Singular Value Decomposition, SVD）的隱因子模型（Latent Factor Model），將用戶物品評分矩陣這個大矩陣，近似分解成兩個小矩陣（用戶用矩陣，物品用矩陣）的乘積，在實際推薦計算時不再使用大矩陣，而是使用分解得到的兩個小矩陣。

六、高雄幣用戶消費偏好分析

排除資料期間「單一消費者一天僅有一筆消費記錄的資料」後，共計532 筆資料。利用這 532 筆交易資料進行分析（每一個消費者代碼 + 消費日期視為一筆資料）。初步可看出，消費者到光華夜市通常會吃什麼？哪些東西是常會被一起吃的？

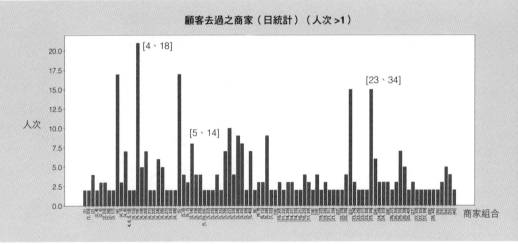

圖 5-6　消費者消費歷程統計

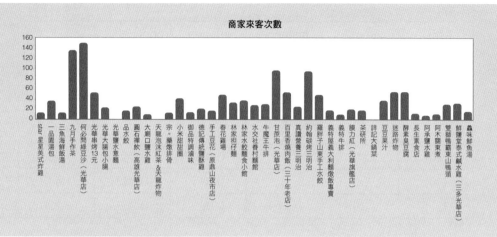

圖 5-7　商家來客次數統計

(一) 利用購物籃分析建構光華夜市的消費者行為

1. Support（支持度）> 0.01，Confidence（信賴度）> 0.2，lift（提升度）> 0.5

(1) Confidence 最高的 0.744，即去了 No.18 店家消費的用戶，有 0.744 機率會去 No.4 店家消費。

(2) 多數用戶到光華夜市在光顧一家店後，接續會去 No.5 店家（有多條線指向 No.5 店家）。

item1	item2	instance	support	confidence	lift
{18}	{4}	29	0.055	0.744	3.629
{34}	{23}	16	0.030	0.400	3.040
{14}	{5}	12	0.023	0.387	1.674
{7}	{5}	6	0.011	0.375	1.622
{20}	{4}	10	0.019	0.345	1.683
{40}	{5}	8	0.015	0.333	1.442
{27}	{5}	11	0.021	0.282	1.220

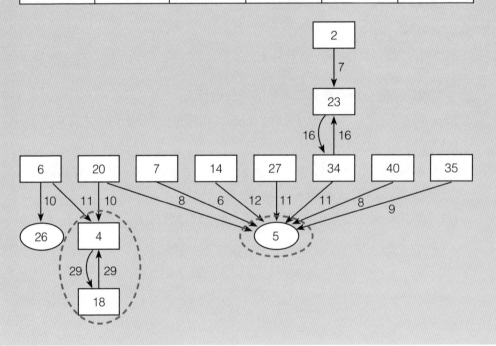

圖 5-8　消費者消費模式關聯

2. 結合購物籃分析結果及店家位置（經緯度），透析消費者消費模式關聯特性

   (1) 地緣關係：Confidence = 0.744，[18] 春花雞場、[4] 九月手作茶為同一地址的兩家店。

   (2) 喝飲料幾乎必備的商家：[34] 迷路炸物→[23] 甘蔗泡（光華店）、[20] 林家水餃麵食小館→[4] 九月手作茶。

   (3) 消費者通常不會同一天去吃巧（小吃類，例如：雞排）、吃飽（麵食類、主食類）。

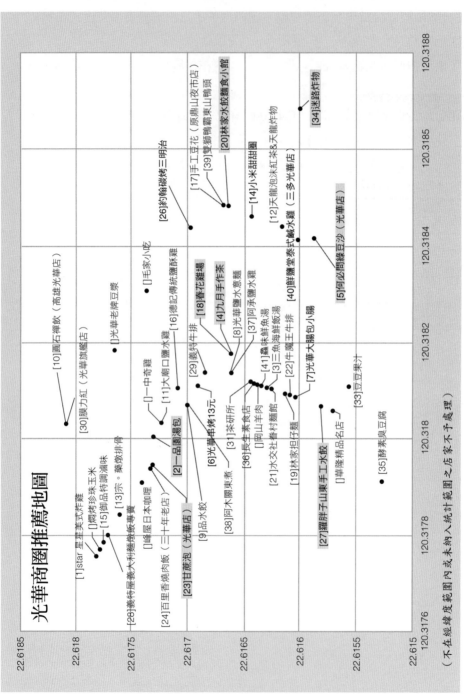

圖 5-9　光華商圈推薦地圖

3. 進一步做組間合併分析

　(1) 因同質性店家過多（例如：多家飲品店），將 41 家有交易資訊的商家，依據特性區分為 9 大類：

No.	商家類型	交易次數	占比	交易金額	占比
1	不能吃	33	0.86%	29,515	6.46%
2	吃巧－炸物	410	10.64%	55,048	12.05%
3	吃巧－非炸物	493	12.80%	53,106	11.63%
4	吃飽－米食	217	5.63%	28,398	6.22%
5	吃飽－肉食	211	5.48%	61,781	13.53%
6	吃飽－複合／其他	405	10.51%	51,380	11.25%
7	吃飽－麵食	604	15.68%	84,669	18.54%
8	甜品	34	0.88%	1,740	0.38%
9	飲品	1,446	37.53%	91,086	19.94%
	加總	3,853		456,723	

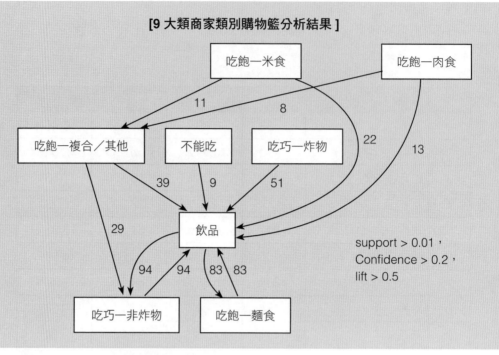

圖 5-10　9 大類商家類別購物籃分析結果

(2) 購物籃分析後，將商家類別由 9 大類調整為 6 類

 A. 「吃飽—米食」與「吃飽—肉食」有相同特性可合併為 1 類（都
  會去「吃飽—複合／其他」、「飲品」）

 B. 「甜品」→並未出現在分析結果中，與特性相當的「飲品」合併

 C. 「不能吃」→並未出現在分析結果中，排除該類資料

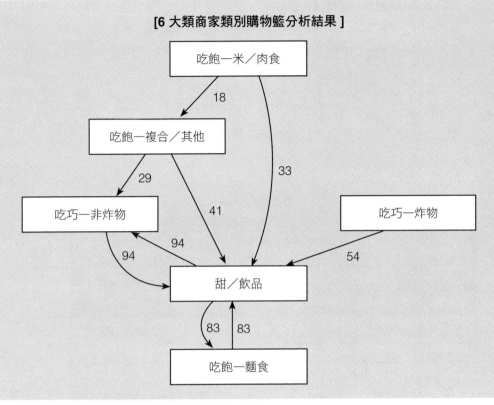

圖 5-11　6 大類商家類別購物籃分析結果

(二) 推薦模型分析

1. 若為消費者實際去「吃巧—非炸物」、「甜／飲品」兩類店家消費,遮蓋住部分資訊,推薦模型透過剩餘資訊「甜／飲品」,將會推薦消費者再去「吃巧—非炸物」類店家消費

商家類別	吃巧—炸物	吃巧—非炸物	吃飽—米／肉食	吃飽—複合／其他	吃飽—麵食	甜／飲品
實際結果	0	**1**	0	0	0	**1**
刪掉部分實際結果			0	0		**1**
預測結果	0	**1**	0	0	0	**1**

2. 不區分商家類別（即採 41 家商家）正確率 1 會較高，因為資料內含有很多 0（未去的店家）資訊，會促使模型多預測不會去該店家

3. 區分商家類別的（不論分 9 類或 6 類）正確率 2 會較高，區分訓練／測試樣本，區分商家類別的正確率亦較高（組間差異處理→正確率提高）

4. 排除「吃巧─炸物」，推薦系統分析正確率會提高，係因「吃巧─炸物」類的店家有包括名店（迷路炸物），名店不需推薦消費者就會去消費（組內差異處理→正確率提高）

推薦模型正確率

	正確率 1：實際沒去預測沒去、實際有去預測有去			正確率 2：實際有去預測有去（只看消費者有去的）			猜測正確率
	全樣本	訓練（80%）	測試（20%）	全樣本	訓練	測試	
41 家商家	96.2%	96.7%	94.1%	29.0%	**29.8%**	**26.0%**	2.5%
分 9 類	91.0%	92.5%	84.9%	67.4%	**72.5%**	**46.6%**	12.5%
分 9 類─排除名店	92.6%	94.2%	86.2%	74.5%	80.7%	48.5%	
分 6 類	86.4%	88.3%	78.9%	64.5%	**68.3%**	**49.2%**	20.0%
分 6 類─排除名店	88.3%	90.5%	79.4%	71.9%	76.3%	53.3%	

*全樣本的 80% 為訓練樣本、剩餘 20% 為測試樣本

(三) 結論與建議

　　高雄幣的發行與使用，透過行動裝置（手機與平板）記錄所有的交易資訊，建構完善的後台資訊體系，方能讓我們有機會分析商圈消費者的消費行為，從中透析出更多的潛在規則，甚至可以反饋給商家，如此才能讓社區貨幣持續地流通。

1. 消費關聯規則
   (1) 不同類型的店家會相互拉抬業績（地緣關係）
   (2) 逛夜市，哪有不喝杯飲料的
   (3) 消費者通常不會同一天去吃巧、吃飽
   (4) 名店效應於分析時需排除
2. 消費者消費的誘因：包括店家所在區段／位置、是否為名店、回饋高／低
3. 夜市通常存在同質性高的多家店，依據特性適當分類，模型推薦正確率越高

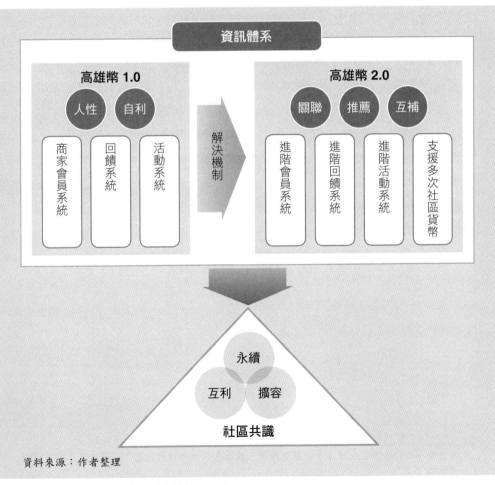

資料來源：作者整理

圖 5-12　利用社區貨幣創造社區共識

第四節　金融科技與數位經濟

　　近年來，金融科技與數位經濟逐漸成為全球先進國家經濟轉型與發展的主軸，根據行政院引用 OECD 及英國對數位經濟之定義，數位經濟泛指透過數位產業所帶動的經濟活動，加上非數位產業透過數位科技（digital technology）的創新活動，其特色是以知識為基礎，透過網路擴散，形成全球化發展[16]。

　　隨著大數據、雲端運算與人工智慧等新興科技應用之日趨普及，加以許多國家紛紛加入布建 5G，政府將持續關注及重視中小企業的數位轉型。經濟部 2018 年進行中小企業數位程度調查，發現近來發展的科技趨勢，朝向智慧、數位、網路及平台服務等整合應用，不僅虛擬和實體將更彼此相融，也代表企業需要更具備策略性的科技發展。企業若能有效提升企業數位化的成熟度，將有效提高企業的獲利。面對數位科技新挑戰，創新是企業永續經營的重要策略。

　　鑑於行動支付在數位經濟時代已是未來發展趨勢，國家發展委員會於 2017 年 9 月成立跨部會推動機制，擬定 3 大推動主軸及 9 項重要策略。

---

16 楊金龍（2018），〈虛擬貨幣與數位經濟：央行在數位時代的角色〉，中央銀行 2018.8.7 新聞稿。

表 5-6　「行動支付跨部會推動機制」之推動主軸及重要策略

推動主軸	重要策略
完備行動支付基礎環境	一、制定行動票證端末設備感應標準，提高行動支付感應成功率。 二、滾動檢討行動支付相關金融法規，並鼓勵金融業界積極發展多元支付工具及開拓應用場域。 三、輔導支付業者主動透過行動應用 App 基本資安之檢測，加強資訊安全保護。
擴大行動支付應用場域	一、於民生消費、公共服務、交通運輸、觀光旅遊、文教場館、故宮院區等 8 項場域，積極推動行動支付。 二、透過與電子發票結合，提高民眾使用便利性。 三、優先推動包括機場捷運、醫學中心、水電油稅費等民生相關、社會大眾有感且政府可帶頭推動之場域，普遍提供行動支付。
加強行動支付體驗行銷	一、規劃系列體驗慶典活動，鼓勵民眾跨越初次使用障礙。 二、推動小規模營業人導入行動支付的租稅優惠措施，期待藉此鼓勵各場域的小商家共襄盛舉。 三、配合國內大型展會進行示範，如 2019 屏東燈會等，提供「一機在手，悠遊台灣」的行動生活體驗。

資料來源：國家發展委員會，2019 年。

一、商圈平台評分模型

資料來源：作者整理

圖 5-13　評分模型建置流程

　　了解商圈的經營模式與系統平台的操作流程，釐清資料的儲存架構，並藉由評估資料的滲透度（資料涵蓋面向）、黏著度（客戶往來期間）及覆蓋度（客戶市占率）來確認資料品質。

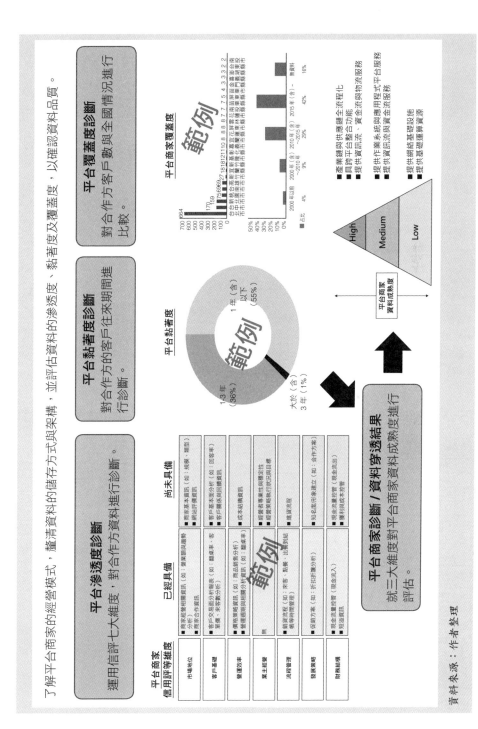

資料來源：作者整理

圖 5-14　商圈資料品質評估

(一) 商家概況分析

由流程出發，盤點各表格並透過執行敘述性統計與合理性評估。

找出可作為模型輸入的變數欄位，並由商圈與商家基本資料檔、特徵資訊及數位營業概況資料庫取得相關資料。另外，為增加評分變數涵蓋的面向，亦可利用網路爬蟲（Web Crawler）及其他方式蒐集其他相關資訊，如所屬空間規劃、地緣交通、社群網站評價、地理圖資資訊（如附近的車站、便利商店數、餐廳數等），並透過實地考查（Due Diligence）來對資料做進一步的勾稽檢查，確保資料能具有真正的參考價值。

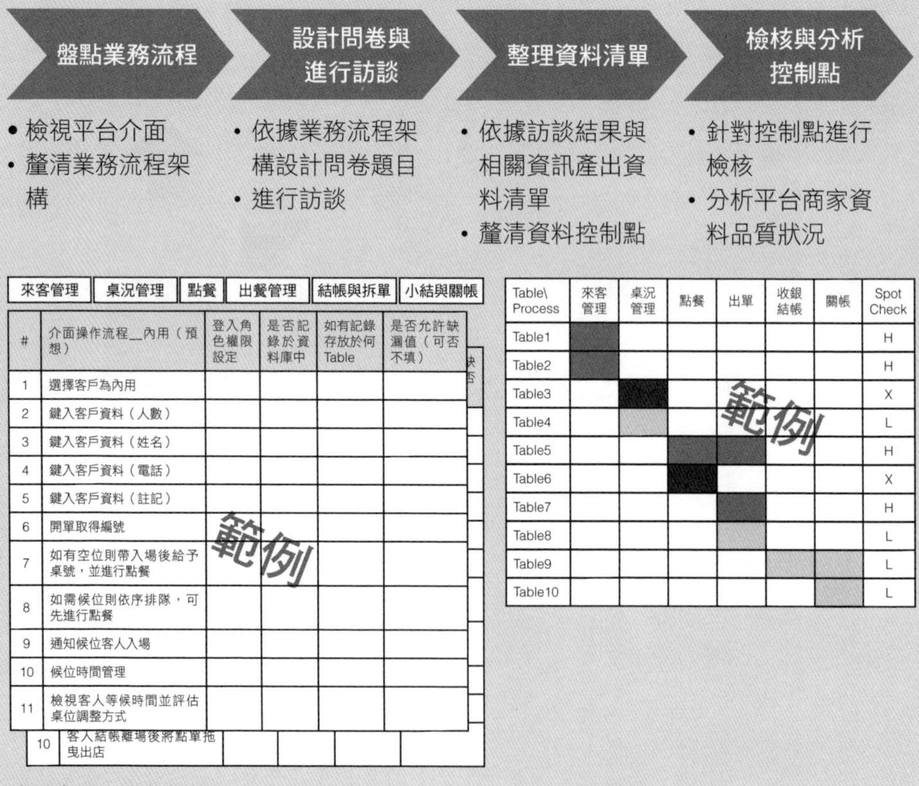

資料來源：作者整理

圖 5-15　商圈資料蒐集與控制點

(二) 變數整理與分析

對所有變數進行細分組（Fine Classing）與粗分組（Coarse Classing），計算各變數的 IV 值（訊息值），並依據下列相關篩選邏輯，挑選最後用於模型開發的變數清單：

1. 變數 IV 值高於 10%
2. 資料空值比例低於 30%
3. 非單點（月）資訊，而是使用以平均值或成長率
4. 非絕對金額，而是使用標準化後的金額
5. 違約率的排序符合商業解釋
6. 變數的選取盡量考慮更多的不同來源／維度

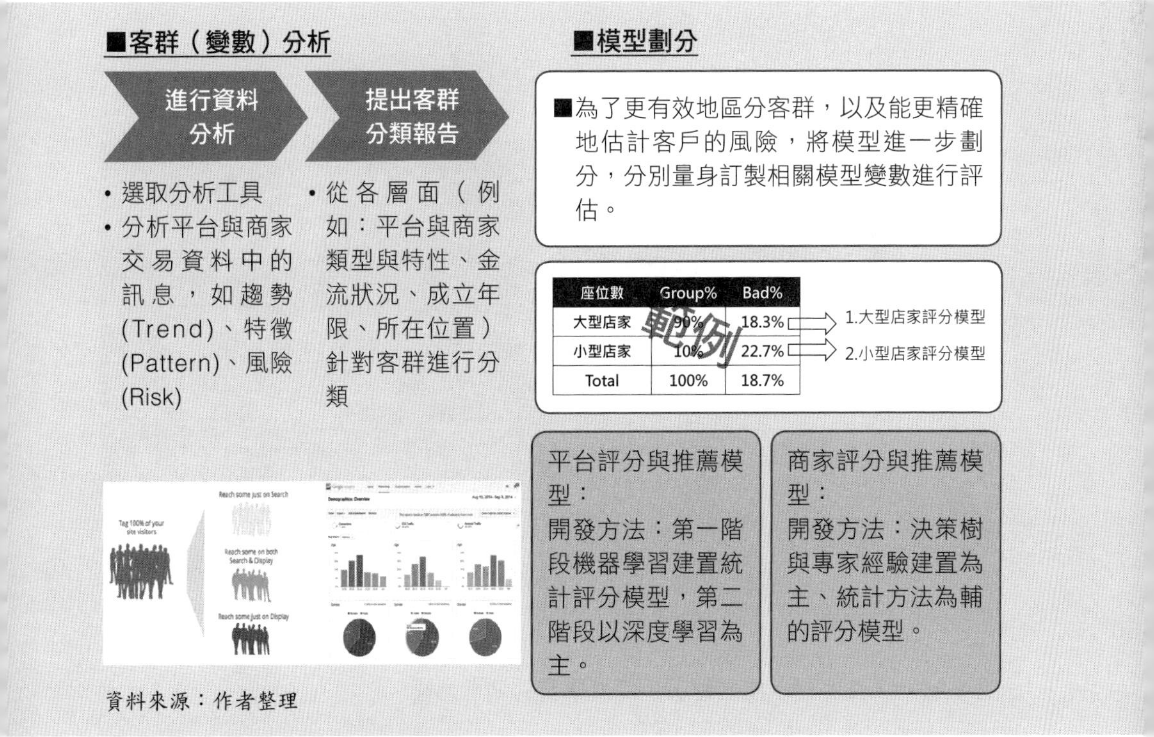
■客群（變數）分析
進行資料分析
提出客群分類報告
• 選取分析工具
• 分析平台與商家交易資料中的訊息，如趨勢(Trend)、特徵(Pattern)、風險(Risk)
• 從各層面（例如：平台與商家類型與特性、金流狀況、成立年限、所在位置）針對客群進行分類
Reach some just on Search
Tag 100% of your site visitors
Reach some on both Search & Display
Reach some just on Display
資料來源：作者整理
■模型劃分
■為了更有效地區分客群，以及能更精確地估計客戶的風險，將模型進一步劃分，分別量身訂製相關模型變數進行評估。
座位數 | Group% | Bad%
大型店家 | 90% | 18.3%
小型店家 | 10% | 22.7%
Total | 100% | 18.7%
範例
1.大型店家評分模型
2.小型店家評分模型
平台評分與推薦模型：
開發方法：第一階段機器學習建置統計評分模型，第二階段以深度學習為主。
商家評分與推薦模型：
開發方法：決策樹與專家經驗建置為主、統計方法為輔的評分模型。

圖 5-16　利用商圈資料建模流程

(三) 利用機器學習建模

　　機器學習（Machine Learning）是近年興起的議題，其中深度學習（Deep Learning）為機器學習的一個分支，透過深度神經網路讓電腦自行分析資料找出特徵值（Feature），進一步針對問題作出合適的判斷。隨著科技的發展，信用評分模型、股票市場預測等金融議題也加入深度學習的分析方法，使得深度學習在金融資料上的應用成為未來創新的發展。Kaggle 網站上的卡交易記錄以 2006 年 Geoffrey and Salakhutdinov 提出的自動編碼器（Autoencoder）進行模型建置及偵測，張揖平（2018、2019）研究結果顯示，自動編碼器在交易記錄資料上可以具備有效地偵測的效果。

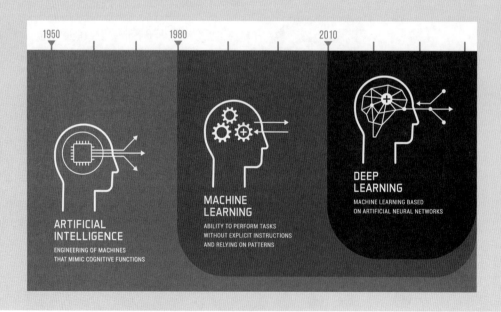

圖 5-17　人工智慧、機器學習、深度學習的演進過程

　　利用人工智慧（Artificial Intelligence, AI）建立業務評等，考量由於商圈與商家類型的不同，部分變數（如座位數、翻桌率等）並不適用於評估特定類型商家，若未經區隔直接使用全體樣本進行建模，可能會錯估特定類型餐廳的違約機率。因此本評等模型的開發依據商區與商家特性區分，主要利用收入相關的通用變數與專家經驗來進行開發。

　　過往經驗之店主評分模型：運用機器學習分析客戶的行為表現。

　　評分變數皆涵蓋基本屬性、經營表現、POI 圖資資訊、社群資訊四大構面，模型變數組成與風險區隔能力表現相當突出。

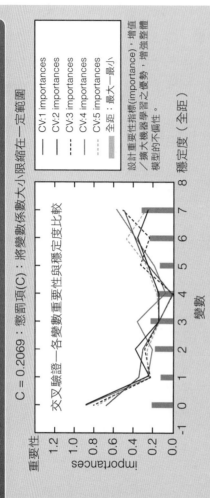

人工智慧—機器學習方法應用

機器學習模型—最大優勢

1. 透過懲罰項（C）設置，將係數控制在一定範圍，可解決模型過度配適（Overfitting）與參數共線性問題。

2. 考慮準確率，可依據設定的目標最適化。

3. 機器學習考慮交叉驗證，讓模型效果更具穩定性。

掌握了業者更透明的營業情況

透過掌握平台與商家經營營業資訊，提高對業者實際運營狀況的透明度，代替傳統盡職調查平台商家行銷與管理資訊的蒐集，反而簡化了落地方案的審核門檻與程序，亦可降低業者獲取政府與金融服務的門檻。

資料來源：作者整理

圖 5-18　機器學習方法應用

二、大數據主義下的商圈評比

　　大數據主義是根基在平台經濟下，數據品質強調即時、完整、正確，而該品質要求則端賴平台、店家與客戶之黏著度、覆蓋度與滲透度之管理與強化，商圈與平台組織與組成個體的特性密不可分，商圈借鏡平台經濟下管理的大數據品質目標管理，才能營造高品質的數據科技應用，而這些目標正與商圈經營的共同價值永續經營承諾、店家服務互補、商圈營造共榮一致。

　　有效整合平台數據發展所需的基本元素，進而使得所挑選之商圈能在本案大數據平台輔導下有最大之發展潛力，當然隨著科技的日新月異，相信利用大數據科技能提供的服務內涵與範圍一定能持續擴大強化。

　　商圈評比面向如圖 5-19 所示。

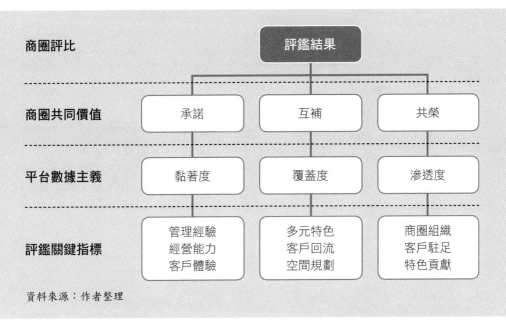

資料來源：作者整理

圖 5-19　商圈評比架構

表 5-7　商圈評比關鍵指標

商圈共同價值	關鍵指標	指標組成
永續經營承諾	營店經驗	一、網路討論歷史 二、產品經營年分 ⋮
	經營能力	一、銷售排名 二、自我行銷 三、友善服務 ⋮
	客戶體驗	一、客戶評比 二、客戶平均消費額 三、性價比 ⋮
店家服務互補	多元特色	一、消費樣態／產品樣態 二、購物籃多樣性 ⋮
	客戶回流	一、回流頻率 二、來客型態 ⋮
	空間規劃	一、空間舒適 二、登陸多樣 三、環境整潔 ⋮
商圈營造共榮	商圈組織	一、管理強度 二、輔導活動經驗 ⋮
	客戶駐足	一、駐足時間總計 二、推播與關聯性 ⋮
	特色貢獻	一、行銷參與 二、潛力名店數 三、魅力特色 ⋮

資料來源：作者整理

三、回饋系統智能分析模型框架——以商圈為核心的數位經濟

透過場景的建立、AI 技術的導入、交易媒介的流通，建構數位經濟。以商圈經濟為例，我們可以利用回饋系統智能分析模型，如表 5-8，結合消費者購物籃（組合）建議系統、消費者偏好與店家特色媒合系統、商圈與店家經營力評價、商圈共榮乘數效果指數，與雲端即時聯網系統，建立以商圈為核心的數位經濟。

表 5-8　回饋系統智能分析模型框架

系統建設	決策基礎	功能說明
消費者購物籃（組合）建議系統	關聯分析與推薦系統	在大量交易資料中，購物籃分析能夠告訴消費者通常買什麼時，哪些商品經常會被一起購買，以及下一次可能會買什麼，能即時地誘發消費者的需求，立即地反映於其購買行為上。
消費者偏好與店家特色媒合系統	資訊過濾推薦模型	用於預測用戶對物品的「評分」或「偏好」，以對於消費者提供相對有利的商品與服務推薦，並透過客戶管理系統加強與消費者間的連結。
商圈與店家經營力評價	存活分析與區隔分析	以消費行為、客戶服務、經營結果、發展潛力等面向對於商圈與店家進行綜合評價，評價的目的主要是作為數位轉型的參考依據，進而對商圈經營提出有效的輔導與行銷方案。
商圈共榮乘數效果指數	因果關係分析與辛普森檢驗	利用獎勵帳務之交易資訊除持續驗證並強化行銷規劃，主動發現發展痛點，並整合消費行為與客戶回應，衡量商圈組織與各店家對於整體營收貢獻，循環推動更積極之獎勵方案。

系統建設	決策基礎	功能說明
雲端即時聯網系統	商圈人力熱點地圖	利用客戶時空駐足資訊與消費交易之整合，透過地圖介面讓消費者即時掌握商圈人流與消費熱潮之店家或區域。
	消費路徑與人流軌跡	提供特定客戶特性或消費專家之消費時空脈絡，對客戶立即產生消費建議，對於逛商圈的移動方式有多元方案。
	商圈最佳登陸點	以統計性資訊，搭配客戶目前所在定位，提供目前最佳距離入口與期望店家。
	商圈與店家活動推播系統	以獎勵活動系統為基礎，整合客戶消費行為與移動軌跡，協助商圈與店家以提高獎勵或活動方式，立即通知並鼓勵消費者參與。

資料來源：作者整理

第六章

邁向無現金的社會——
自央行數位貨幣談起

Give me a one-handed economist! All my
economist say "on the one hand... on the other".
下回給我找個只有一隻手的經濟學家吧！我身邊
的經濟學家們總是說：「一方面（一隻手）如何
如何，另一方面（一隻手）如何如何⋯⋯」
～～Harry S. Truman 哈瑞・S・杜魯門

第一節　各國央行數位貨幣巡禮 $

　　本書自貨幣之定義、歷史上之貨幣講起，探討貨幣載體的現代化與改變，接著討論在全球及台灣遍地開花之社區貨幣，乃至於 20 世紀末異軍突起之虛擬貨幣。在各種貨幣引領風騷下，未來我國要達到之目標究竟係「普遍性的行動支付」或「無現金社會」，又或是「數位支付」？涉及不同的需求命題。若以範圍最大之「無現金社會」而言，則無論是塑膠貨幣、行動支付、交易代碼化（tokenization）、任何數位化形式，皆予涵蓋。

　　在歐盟，其發展的方向是「無現金社會」，而非只做行動支付。如歐盟第二號支付服務指令（The Second Payment Services Directive, PSDII）係支持數位化社會（Digital Society），其中規範電子商務、資訊安全與個人隱私，管理對象不僅金融機構，還有許多網路電商企業，我們可以說歐盟是以全方位打造數位化為最大目標。而我國近年來之政策走向，則比較是著重在衝刺單一支付領域數位化等[1]。本章將自央行數位貨幣（Central Bank Digital Currency, CBDC）談起，探討我國邁向無現金社會之若干省思，其中，包括深化本書第二章提及之一卡一付，虛實整合等。

一、各國央行發行 CBDC 之目的與意涵

　　依據國際清算銀行（Bank for International Settlements, BIS）的調查，目前全球約有 80% 央行正著手進行 CBDC（Central Bank Digital Currency, CBDC）研究工作[2]。大多數央行發行央行數位貨幣之目的係在於：由央行發行之法幣（Fiat Currency），以替代實體貨幣（紙鈔或硬幣），或作為實體貨幣的補充，以降低傳統紙幣發行、流通的成本，不斷提升經濟交易活動

1　王儷容、林蔵均、王士維（2020），「期中座談會會議記錄」，《從國際支付生態發展研析我國金融創新及監理政策》，金融監督管理委員會 109 年度委託研究計畫，中華經濟研究院，2020 年 12 月。

2　Boar, Codruta, Henry Holden and Amber Wadsworth (2020), *Impending Arrival-A Sequel to the Survey on Central Bank Digital Currency*, BIS Papers, No. 107, Jan. 23.

的便利性和透明度。

　　至於央行數位貨幣的發行方式，可以是一般性或者具有限制性。而且，即使是對一般民眾發行，央行也可以選擇讓人們直接在央行或在商業銀行開戶，也可以選擇實名制或匿名制。

　　有關發行 CBDC 之動向與意涵，日本央行（Bank of Japan, BoJ）副總裁雨宮正義（Masayoshi Amamiya）在 2020 年東京未來支付論壇上，曾指出：在考慮發行央行數位貨幣時，關於支付和結算系統以及貨幣，要關注「三個不變」和「三個變」。雨宮正義所謂的「三個不變」包括：

(一) 貨幣的基本架構將保持不變，貨幣有兩種形式，基於代幣（token）的或基於帳戶（account）的。但是基本架構保持不變，即透過轉移存儲在媒介中的貨幣價值進行付款。

(二) 雙層貨幣體系將保持不變，這是不應該更改並且應該維護的東西。雙層系統中央行提供的貨幣由現金和央行存款組成，私人銀行透過基於央行貨幣的信用創造來提供存款。在雙層系統下，透過私人主導的計畫有效地分配了金融資源。

(三) 央行的基本作用將保持不變。即使鈔票的使用繼續減少且日本經濟進入無現金社會，日本央行也將透過控制央行的經常帳戶（即數位貨幣），在雙層貨幣體系下實施貨幣政策，並充當「最後貸款人」。

　　至於「三個變」，指的則是支付和結算系統將如何隨著IT創新而發展，包括：

(一) 無現金支付將在零售支付中穩步增長。

(二) 支付服務提供商的多元化可能會繼續。支付服務提供商的多元化可能會對金融法規，以及由央行和私營部門運營或管理的支付和結算系統的運營，產生各種影響。

(三) 貨幣和數據將變得更加緊密地聯繫在一起。因此，當我們探索支付和結算系統的未來時，討論與保護和有效使用個人數據有關的問題變得尤為重要。

　　另外，雨宮正義亦提及，對發行央行 CBDC 的調查可以分為三類。首

先是瑞典的情況：其未償還的流通現金減少量已達到 GDP 的 2% 以下，在這種情況下，央行的目標是為所有人提供獲得央行資金的途徑。其次，是柬埔寨和巴哈馬這樣的新興經濟體：其與本幣和支付有關的基礎設施仍不成熟，但智慧型手機已遍及全球，故從頭開始重建支付和結算系統是一個可行的議程，且採用最新技術會更加容易。第三是中國的情況：中國人民銀行（People Bank of China, PBoC）顯然旨在發行 CBDC 來代替流通現金，其不僅將重點放在降低現金處理成本上，還將著眼於解決偽造風險，以及防止洗錢（Anti-Money Laundering, AML）和打擊資助恐怖主義（Counter Financing of Terrorism, CFT）。

但在包括日本在內的主要發達經濟體，其對 CBDC 的需求並不一定會增加，因其流通中的未償現金額仍在逐年增長。此時，無須採取新舉措來確保人們能夠使用央行的貨幣，且這些經濟體的貨幣系統及支付和結算系統正在安全穩定地運行，反洗錢、打擊資助恐怖主義是一個重要問題。

不過，CBDC 在實務上仍有許多潛在的重大問題待克服[3]，包括：

(一) 技術面

為提高對駭客的防禦率，法定數位貨幣須採先進的加密技術，但加密過程複雜，相對處理速度也越慢，與零售支付講求的快速方便背道而馳。

(二) 政策面

如果央行發行數位貨幣，允許非金融機構也可以在央行開戶，可能對銀行體系造成衝擊，導致存款大量從商業銀行流出，進而影響銀行放款及貨幣創造，恐將損及國家整體投資及經濟發展。

(三) 法制面

法定數位貨幣若採記名式，恐引發民眾對隱私權遭到侵犯的疑慮，而排斥使用；若採匿名式，則可能使犯罪活動容易隱藏。

---

3 楊金龍（2018），「貴賓致詞」，《金融科技與貨幣金融政策》論壇會議實錄，俞國華先生紀念研討會，中華經濟研究院，2018 年 1 月。

最後必須指出的是，CBDC 與一般電子支付兩者之層次不太相同。前者係基礎貨幣，即一般貨銀理論中之 M0，而後者則綁定銀行帳戶、信用卡、簽帳金融卡等，再予扣款或轉帳，而銀行帳戶如活儲或定存，係屬貨銀理論中之 M1 或 M2。自本書第一章之分析可知，不論 M0 或 M1 或 M2，皆為貨幣，但 M1 或 M2 乃基礎貨幣 M0 經由一般商業銀行之貸款及乘數效應後，方才轉化出。若是 CBDC 採取如 DC/EP 般的雙層運營體系[4]，則係由央行發行數位貨幣，而商業銀行則負責儲存與保管數位貨幣，一般法人與個人再透過商業銀行存取與兌換數位貨幣。

二、綜觀各國 CBDC

2019 年 10 月 29 日，中國人民銀行透露即將推出數位人民幣（Digital Currency Electronic Payment, DC/EP，大陸是用「數字人民幣」），再加上臉書野心勃勃地推出將遍及全地表之加密貨幣 Libra（現已更名 Diem），之後各國對 CBDC 的態度即產生相當大之轉變，同年 11 月傳出有著超過「200 間德國銀行」的銀行協會呼籲歐洲政府儘快推出「數位歐元」（Digital Euro）。我國央行總裁楊金龍則於當年 11 月 7 日表示：「若能順利解決相關問題，CBDC 可望成為零售支付最後一哩路」；一改其 9 月 22 日宣示「暫時不考慮發行數位台幣」之立場[5]。

事實上，自 2019 年 6 月臉書發布 Libra 計畫後，不僅許多央行對 CBDC 的態度轉趨積極，而且研究重點從批發型 CBDC 轉向零售型 CBDC。各國對於推出新一代中央銀行貨幣「CBDC」的想像，一方面希望 CBDC 能成為數位版本的現金，在數位環境中也能讓社會大眾廣為使用，稱為「通用型 CBDC」（General Purpose CBDC），或稱為「零售型 CBDC」（Retail CBDC）；另一方面則冀望能跳脫央行準備金在傳統大額支付系統，以傳統帳戶中心化運作的模式，運用分散式帳本技術（Distributed

---

4　詳見本章第二節「中國」部分內容。

5　引用自王儷容（2020），〈央行數位貨幣將引領風騷 帶動我國行動支付快速進展〉，名家觀點，經濟日報，2020 年 2 月 11 日。

Ledger Technology, DLT）等創新技術發行代幣化（Tokenization）的「批發型 CBDC」（Wholesale CBDC），供銀行等金融機構去中心化使用，直接以代幣進行銀行間資金移轉並完成清算（類似現金的支付即清算）[6]。

　　不過，由於央行準備金已數位化，批發型 CBDC 如只是在技術上改用 DLT 的去中心化設計，能帶來的額外效益有限，因此，近期國際間的研究已逐漸轉向，聚焦在嘗試以數位形式重現現金功能的通用型 CBDC。詳細原因如下[7]。

(一) 改用 DLT 的效益有限：DLT 去中心化設計的最大優勢，是能避免中心化系統單點失靈的弱點，然而，其重複備份的設計邏輯，反而可能對安全與效率造成負面影響。此外，現行大額支付系統通常由央行負責營運與監管。DLT 系統如允許央行以外的機構參與營運，將使系統維運的權責劃分複雜化，並增加系統安全防護的負荷，一旦任何一家參與機構出狀況，將危及整個系統。

(二) 目前 DLT 技術尚未成熟：DLT 除安全與效率的問題外，在處理交易隱私、擴展性（scalability），以及與現有系統間，或是不同 DLT 系統間的整合及互通等方面亦有待加強。特別是目前 DLT 技術的成熟度不足，亦多未經市場長期驗證。因此，在 DLT 技術未出現重大突破前，現階段國際間對批發型 CBDC 的研究，恐難取得進一步的成果。

(三) 國際間焦點轉向通用型 CBDC：國際間對 CBDC 的研究，早期多聚焦於批發型 CBDC，惟歷經多次試驗[8]後，已大致了解 DLT 的發展潛力及局限。近期國際間研究已轉向通用型 CBDC，依據 Central Banking 於 2020 年之調查，目前約 70% 的央行對 CBDC 研究主要聚焦於通用型，

6　引用自中央銀行（2020），《央行理監事會後記者會參考資料》，2020 年 6 月 18 日。

7　引用自王儷容（2020），〈央行數位貨幣將引領風騷 帶動我國行動支付快速進展〉，名家觀點，經濟日報，2020 年 2 月 11 日。

8　例如：歐洲央行與日本央行合作 Stella 計畫、加拿大央行 Jasper 計畫、新加坡金管局 Ubin 計畫、香港金管局 LionRock 計畫、泰國央行 Inthanon 計畫等，已針對批發型 CBDC 的功能及各種應用場景，進行多次研究及試驗。

批發型僅 30%[9]。

在各國 CBDC 進展方面，美國聯準會 Fed 內部研究團隊（FR Board, Cleveland Fed, Dallas Fed, NY Fed 等），以及波士頓 Fed 與麻省理工學院（MIT）合作，均已進行 DLT 與 CBDC 的研究。瑞典央行為維持其支付系統的核心地位，計畫發行 e-Krona（零售型 CBDC），採用 R3 區塊鏈聯盟（R3 Blockchain Alliance, R3CEV/R3）[10] 的 Corda 平台，屬於許可制分散式帳本技術（DLT），目前已進入先導測試階段[11]。日本與南韓央行在 2020 年上半年已成立專責的數位貨幣研究單位，並在 2021 年進入先導測試。

新興市場經濟體比已開發國家更加積極，由於新興市場經濟體的金融基礎設施不足、地下經濟活動興盛、政府課稅困難，或減少對美元依賴（馬紹爾群島、巴哈馬、柬埔寨等），故發行 CBDC 的效益相對高，並有助提升金融包容性；多家新興市場經濟體央行已研發零售型 CBDC，其中已陸續進入先導測試階段者，像是柬埔寨（Bakong）、東加勒比國家組織（DXCD）、烏拉圭（e-Peso）、巴哈馬（Project Sand Dollar）、中國（DC/EP）等[12]。

另外，一些央行亦針對 DLT 應用在跨行支付及結清算作業的可能性，進行研究[13]，例如新加坡、泰國、英國、加拿大、香港、日本、歐洲央行等。其中，加拿大與新加坡央行在 2019 年 5 月發布聯合聲明，證實其批發型 CBDC 計畫「Jasper-Ubin」，已成功完成首次跨 DLT 平台、跨境、跨幣別的支付實驗。日本與歐洲央行批發型 CBDC 計畫「Stella」在 2019 年已

9　King, Rachael (2020), *The Central Bank Digital Currency Survey 2020-Debunking Some Myths*, Central Banking, May 7.

10　R3 聯盟又叫 R3CEV，C 即加密技術（Crypto），E 即交易所（Exchange），V 指風險投資（Venture），專注於以上三大業務。R3 於 2014 年成立，吸引全球各大知名銀行加入。

11　引用自 Dylan Yeh，責任編輯：陳映璇，〈Facebook Pay 支付服務美國首發上線，一甩 Libra 幣推不動的陰影〉，數位時代，2019 年 11 月 13 日。參考網址：https://reurl.cc/XerROE。

12　引用自陳南光（2020），〈中央銀行角色的演變與挑戰——兼談 CBDC 的興起〉，中華財經政策高峰會，109 年度中華財經高峰論壇，西華飯店，2020 年 8 月 28 日。

13　引用自 Dylan Yeh，責任編輯：陳映璇，數位時代 Business Next，2019 年 11 月 13 日。取自：https://www.bnext.com.tw/article/55460/facebookpay-launch-facebook-whatsapp-instagram-messenger-features。

進入第三階段，也是實驗跨境轉帳。泰國央行與香港金管局則在 2020 年 2 月發布聯合聲明，公布其自 2018 年進行的批發型 CBDC 計畫「Inthanon-LionRock」的進展，同樣是實驗跨境轉帳。

在其他國際合作方面，2020 年 1 月國際清算銀行 BIS 宣布與 6 家主要央行（Bank of Canada, Bank of England, BoJ, ECB, Sveriges Riksbank, SNB）將組成 CBDC 聯合研究工作小組，共同研究 CBDC，特別是跨境交易，為未來能在各央行間不同貨幣的結算以及不同 DLT 平台間的串接，統一國際匯款標準。時任英格蘭銀行（BoE）總裁馬克卡尼（Mark Carney）於 2019 年提議，由多國央行共同發行以一籃子通貨為基礎的全球儲備通貨（Global Reserve Currency），即「合成型霸權通貨」（Synthetic Hegemonic Currency, SHC）以降低對美元的依賴。

三、我國 CBDC 規劃進度

我國央行的 CBDC 計畫及進度。央行「數位金融研究小組」成立於 2016 年 2 月，並於 2019 年 5 月重新調整小組架構，下設「央行數位貨幣（CBDC）研究計畫專案小組」，包括央行、票交所、財金公司共 10 人，與三個學術單位（臺大、政大、成大）進行共同研究，負責 CBDC、區塊鏈與電子支付等業務研究，以及「金融科技工作小組」，負責人工智慧、大數據及監理科技（Supervisory Technology, SupTech）等相關業務研究。

「央行數位貨幣（CBDC）研究計畫專案小組」初期聚焦於各種技術之試驗，以深入了解並掌握相關技術之進展，以及實際應用於 CBDC 的可行性。針對第一階段「批發型 CBDC 可行性技術之研究」，CBDC 工作小組已與學術單位協作，於 2020 年 6 月完成。後來，央行於 2020 年 9 月底啟動第二階段「通用型 CBDC 試驗計畫」[14]，並將國際間央行「CBDC 基本原則及核心特徵」[15] 及國內相關業者意見，納入規劃，期程預定 2 年，並將視

---

14 引用自中央銀行（2020），《央行理監事會後記者會參考資料》，2020 年 12 月 16 日。

15 美、加、英、歐、日、瑞士及瑞典七家主要央行與 BIS 訂定「CBDC 基本原則與核心特徵」，為各國 CBDC 發行之指導原則。三項基本原則包括：無害（不損及央行貨幣與金融穩定的政策目標）、共存（確保與現有貨幣形式共存並互補）、創新與效率（公私協力共

實際試驗情形及國際間 CBDC 發展趨勢，滾動式檢討期程的調整。若概念驗證（PoC）試驗順利，將進入 Pilot 試驗[16]。「通用型 CBDC 試驗計畫」的 CBDC 平台設計係以中心化系統為基礎，部分功能（例如交易資料儲存等）結合 DLT。迄今，央行 CBDC 工作小組已初步規劃：大額交易的款券同步交割（Delivery versus Payment, DvP）、境內消費支付與轉帳及跨境小額匯款三種 CBDC 試驗場景。

　　我國央行自已進行之批發型 CBDC 技術研究發現，以完全（或高度）去中心化 DLT 建構之批發型 CBDC 平台，其效能並未明顯優於現行中心化系統；然而，數位支付為未來發展趨勢，應持續研究並嘗試各種具有發展潛力的技術架構，同時探討在各種支付場景的可能應用，故央行才接續進行通用型 CBDC 試驗，探討現金數位化之可能性。下一階段「通用型 CBDC 試驗計畫」，規劃將採雙層式架構，由央行向中介機構發行CBDC，再由中介機構提供給使用者；取得 CBDC 後，在銀行及使用者間就能以 CBDC 直接進行 P2P 支付。上述試驗用的通用型 CBDC 平台，在技術上將採「中心化系統部分結合 DLT」之設計，由央行維護 CBDC 的「核心帳本」，並運用 DLT 保存交易資料，以強化系統的強韌性；中介機構透過 API 介接核心帳本，負責 KYC 等使用者錢包開立作業，並可自行發展各種創新支付服務；使用者則透過中介機構提供的各種支付介面（如手機 App），將 CBDC 應用於各種支付場景[17]。

　　央行規劃的 CBDC 運作架構，係採用央行與民間合作的雙層式架構，以及部分功能可結合 DLT 的設計等，符合國際發展趨勢，並聚焦於改善國內電子支付的痛點。未來透過 CBDC 可打破現行不同支付服務間的隔閡，促進支付市場的一體化，以充分發揮支付的網路效應；CBDC 不以營利為目的，規劃將比照現金，讓一般民眾在日常交易上無須負擔手續費，並著重於

同促進創新與效力的支付環境）。

16 引用自 Dylan Yeh，責任編輯：陳映璇，數位時代 Business Next，2019 年 11 月 13 日。取自：https://www.bnext.com.tw/article/55460/facebookpay-launch-facebook-whatsapp-instagram-messenger-features。

17 引用自中央銀行（2020），《央行理監事會後記者會參考資料》，2020 年 9 月 17 日。

提升使用者體驗，盡可能降低使用門檻，並支援離線交易；同時減少商家系統整合的負擔，以利推廣 CBDC 普及使用。

央行指出[18]，CBDC 作為新形式的中央銀行貨幣，涉及的層面非常廣泛，可能不只影響央行維護貨幣與金融穩定的職責，對經濟、社會及其他方面亦可能產生深遠的影響。在決定推出 CBDC 前，必須在各方面都經過深入且審慎的探討，評估相關效益與風險，以及可能的因應措施，並經社會大眾廣泛地討論，確保最終發行 CBDC 的決定已取得社會共識，且在各方面均具備穩固基礎，以延續中央銀行貨幣廣受信任的良好傳統。

究竟我國之 CBDC 是否將成為我國零售支付或批發支付之最後一哩路，仍有待觀察，但可確定的是，CBDC 之推動必將成為我國電子支付很重要的一項基礎建設，其影響將是可期待的。

第二節　國際比較──中國、瑞典、臉書的天秤幣

交易一定要用現金嗎？這個問題大家並不一定都會同意，然而從支票到信用卡的應用，再隨著行動支付的興起、網路科技的發展，一個完全無現金社會是否會發生，目前仍是未知，但經由介紹中國、瑞典的虛擬貨幣歷程，與臉書的天秤幣的發展與困境，或許能多少為這問題提供一些思考的方向。

如圖 6-1，參考國際學者的分類[19]，中央銀行 2019 年 3 月 12 日在臉書發文以中文介紹貨幣花（Money Flower）的架構：

---

18 引用自 Dylan Yeh，責任編輯：陳映璇，數位時代 Business Next，2019 年 11 月 13 日。取自：https://www.bnext.com.tw/article/55460/facebookpay-launch-facebook-whatsapp-instagram-messenger-features。

19 Bech, Morten L. and Rodney Garratt (2017), *Central Bank Cryptocurrencies*, BIS Quarterly Review, Sep., p.55-70.

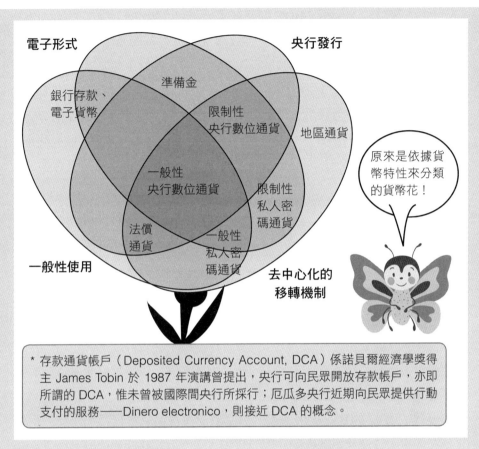

圖 6-1　中央銀行的貨幣花架構

　　這朵貨幣花依據貨幣的四種特性加以分類，這四種特性是發行者（央行發行或私人發行）、（中心化（Centralized or non-distributed ledger）或去中心化（Decentralized or distributed ledger））。

　　央行發行的數位貨幣，簡稱 CBDC，可區分為對一般大眾發行的零售型（Retail），和針對特殊機構（例如銀行發行）的批發型（Wholesale）。也可區分為代幣（儲值）型（Token based）與帳戶型（Account based）兩種。儲值型與帳戶型的主要差異是在確認（Verification）方式上，前者是收到

Token 的人來驗證，係將 CBDC 儲存在電子錢包（Wallet）中；後者是由中介（Interface）依據帳戶持有者來驗證，類似銀行存款的運作機制[20]。

由於 token 這個字在不同領域有不同的定義，所以也有學者稱為價值型（Value based）來與帳戶型區別。

CBDC 和傳統央行發行貨幣的關係可見表 6-1：

表 6-1　CBDC 與傳統央行發行貨幣之關係

	零售型（Retail）	批發型（Wholesale）
儲值型（Token based）	鈔票（Bank note）	CBDC：Centralized or decentralized
帳戶型（Account based）	CBDC：Centralized	央行存款（Centralized deposit）

傳統貨幣與 CBDC 的主要應用差異將會有[21]：央行存款過去不可能隨時使用，以後就有可能；但以前的鈔票有絕對匿名性，以後就難說；以前的鈔票不會有利息，以後有可能了。

至於 CBDC 的實際應用，雖然是個趨勢而各國央行也都在研究，但似乎都在觀望，等待適當時機或小部分實驗，在沒有將相關風險完全釐清與控管之前，也都不敢貿然全面推動。

以下介紹中國與瑞典的發展。

---

20 根據國際清算銀行（BIS）2021 年年初的報告，全球70%的中央銀行都對發行「中央銀行數位貨幣（CBDC）」進行研究。一般區分為批發型央行數位貨幣（Wholesale CBDC），以及零售型央行數位貨幣（Retail CBDC）。前者的使用僅限於特定銀行的大規模結算，而後者則可允許大眾和公司所持有。

21 參考 The future of money and payments, Author(s): Agustín Carstens, Date published: Apr 2019, SUERF Policy Note, Issue No 66, by Agustín Carstens, Bank for International Settlements.

一、中國

(一) 中國 CBDC 發展背景

　　近年來，從中國大陸支付體系的發展經驗來看，由於人民幣現鈔偽造情況相對嚴重，加上中國地廣人稀與區域發展不平衡，偏鄉地區金融機構仍未普及，信用卡也未普遍使用，因此形成一個特殊有利於電子支付的環境，也造就了支付寶、微信支付等超大型非金融機構怪獸。在這樣蓬勃的商機下，也產生許多金融套利與法規套利的行為，增添金融體系的不穩定性，這也是人行近年來，開始大力管制虛擬通貨、P2P 借貸行為，以及要求大型支付機構必須提列準備金，存入人行帳戶等措施的背後原因。如今人行推出數位貨幣，除了降低紙鈔、硬幣的印製及發行成本外，還可以壓制偽鈔問題，以及強化防洗錢、防資恐的作為，但最大的好處應該是強化人行對整個金融體系的掌控，確保在經濟下行的情勢中，金融情勢仍得以穩定發展。此外，中國也有所謂後進者的跳躍式發展創新優勢（例如跳過錄影帶直接用光碟片），在 CBDC（Central Bank Digital Currency）的發展上也是如此。

　　由於目前國際間主要央行對發行數位貨幣大多持審慎看法，許多研究仍在發行及運作架構的構思階段，甚至美國聯準會、歐洲、荷蘭、丹麥及瑞士等央行都公開表示目前無發行計畫，這也讓中國人行的數位貨幣發行受到各方關注。

(二) 中國 CBDC 近期發展

　　早在 2014 年中國就在人民銀行底下成立「法定數位貨幣專門研究小組」。

　　2016 年 2 月中國央行成立「數位金融研究小組」。

　　2017 年成立「數字貨幣研究所」，並於 2018 年發布「中央銀行數字貨幣原型系統實驗研究」報告。

　　中國人民銀行於 2019 年 1 月已要求支付寶、微信支付等支付機構將客戶資金全數交存該行，且須經該行主導的網聯平台集中結（清）算，這個機制已經被稱為所謂綜合型（Synthetic）CBDC。但因並非由央行發行，與國

際清算銀行（BIS）定義的 CBDC 並不一致[22]。

2019 年 5 月重新調整「數位金融研究小組」架構，下設「央行數位貨幣（CBDC）研究計畫專案小組」，負責 CBDC、區塊鏈與電子支付等業務研究；以及「金融科技工作小組」，負責人工智慧、大數據及監理科技（SupTech）等相關業務研究。

2019 年 8 月 10 日在「中國金融 40 論壇」上，中國人民銀行支付結算司副司長穆長春作了一個關於人民銀行 CBDC 的重要演講，並預告人行的 CBDC，即將上路。

2020 年 4 月，中國宣布在四個主要地點——深圳、蘇州、成都和北京的衛星城雄安新區進行數位貨幣內部測試，以優化和完善功能。中國央行官員表示，一次更大範圍的封閉測試還將在 2022 年北京冬奧會進行，透過大規模跨境交易進一步測評數位貨幣的能力和風險。

中國的央行也在 2020 年 7 月與不同的平台如「滴滴出行」、「美團」等進行磋商，測試數位人民幣在智慧出行領域的應用場景。中國人民銀行希望新的數位貨幣能夠降低阿里巴巴和騰訊在數位支付領域的主導權。和比特幣等基於區塊鏈技術的現有加密數位貨幣不同的是，中國央行仍是貨幣的發行者，用戶註冊需要使用實名。據中國英文官方媒體中國環球電視網（China Global Television Network, CGTN）在 2020 年 8 月報導，中國銀行、中國建設銀行、中國工商銀行和中國農業銀行等四大國有銀行已在深圳等主要城市就數位貨幣進行測試。測試的數位貨幣是由中國人民銀行牽頭研發的數位人民幣，它暫時被定名為「DC/EP」（即「數位貨幣／電子支付」的縮寫）。目前，部分國有銀行的員工已開始用於轉帳、繳費等場景。試用用戶在手機 App 註冊後，可以使用數位錢包充值、取款、轉帳和掃碼消費。其中，轉帳僅憑對方手機號就可以進行，中國央行還在研究一種無網路轉帳的場景。

---

22 其他的綜合式 CBDC，例如：英格蘭銀行已開放大型非銀行支付機構可在央行開立清算帳戶，並使用央行大額支付系統進行跨境清算。瑞士銀行正與一些國家央行溝通，計畫以中央銀行貨幣作為擔保，讓民間機構發行穩定幣 USC，利用區塊鏈系統提供跨境支付服務。

2020 年 10 月，深圳發出 1,000 萬元的數位人民幣紅包，向公眾測試。國務院也公布了「深圳綜合試點實施方案」，強調推動數位人民幣的研發應用與國際合作。10 月 11 日，深圳市政府表示，5 萬名在深圳的個人透過抽籤搖號獲得「禮享羅湖數位人民幣紅包」，其中包含 200 元數位人民幣，可在指定商戶進行消費。習近平在深圳經濟特區建立 40 週年慶祝大會上表示，支持深圳開展數位人民幣內部封閉試點測試，推動數位人民幣的研發應用和國際合作。不過基本上此活動是「2020 禮享羅湖」系列促進消費活動，主要由深圳市羅湖區出資，所以也僅限深圳居民參加，若逾期未使用將會被強制回收，基本上與消費券類似。這也是數位人民幣首次大規模公開測試，未來可能會陸續在適合場域舉辦實驗。

(三) 中國數位貨幣的運作框架

「數字貨幣研究所」於 2018 年發布「中央銀行數字貨幣原型系統實驗研究」報告，規劃採用央行對商業銀行、商業銀行對客戶的雙層體系，由央行負責 CBDC 的發行與驗證，商業銀行則負責 CBDC 於市場上的流通，並以「一幣、二庫、三中心」之架構（見圖 6-2）。一幣係指 CBDC；二庫係指央行的發行庫及商業銀行的銀行庫；三中心係指認證中心、登記中心及大數據分析中心。登記中心系統內含發行登記、所有權記錄及網站連結查詢所有權等功能。以此架構循序漸進試驗 [23]。

根據穆長春 2019 年 8 月 10 日在「中國金融 40 論壇」上的演講，未來人行 CBDC 將採「雙層」架構，創建加密貨幣，交付一群可信賴的商業機構（根據 2019 年 8 月 27 日 Forbes 報導，共有 7 個機構，包括中國工商銀行、中國建設銀行、中國銀行、中國農業銀行等四大行，和兩大支付龍頭阿里巴巴、騰訊，及發卡機構中國銀聯），這些機構將「100% 全額支付給人民銀行」換取被允許分發加密貨幣的權利。亦即，人民銀行不直接面對民眾，只與中介機構交易，再由中介機構與社會大眾交易。這樣的雙層架構與現行實體貨幣的雙層架構幾乎完全相同。因此，可確保央行維持對貨幣政策工具的

---

23 本圖參考中央銀行（2019），《央行理監事會後記者會參考資料》，2019 年 3 月 21 日。

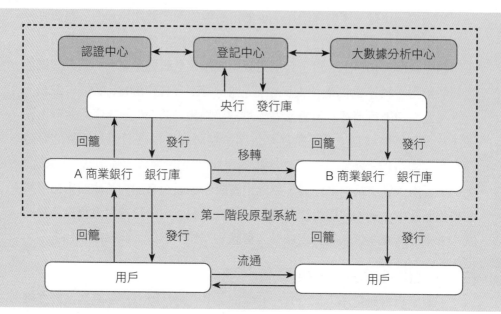

圖 6-2　人行「一幣、二庫、三中心」架構

控制來影響貨幣數量，增加民眾使用數位貨幣的可能性，並鼓勵接受加密貨幣的各機構之間的競爭。穆長春強調：「這種雙重分派系統適合我們的國情，……央行的數字貨幣可以像現金一樣流通，這有利於人民幣的流通和國際化，……它不僅可以利用現有資源來動員商業銀行的積極性，還可以平順地提高民眾對數字貨幣的接受程度。」

　　現任中國人行行長易綱在 2019 年 9 月 24 日於新聞發布會上時表示，中國對於啟動數位貨幣的計畫，目前人行並無具體的時間表。但他也提到，開放虛擬貨幣之前需要先進行的研究、測試以及評估，自 2014 年以來，人行團隊在研究數位貨幣方面取得了正面進展。易綱指出，數位貨幣將在由人行和貸款人組成的兩層框架下運作，且不會改變現有的貨幣供應路徑和框架。中國人行會是發行數位貨幣的主體，且該數位貨幣將透過商業銀行流通至家庭和企業，而中國人行會進一步管理程序。易綱也補充說，該貨幣可能會以區塊鏈、比特幣等虛擬貨幣的分散式帳本技術，或演變而來的新方法來作為

基礎。然而正如同其他人對數位貨幣所擔心的，最大障礙是貨幣的跨境使用，數位貨幣必須達到監管方設定的要求，以防制洗錢、恐怖分子融資和逃稅為目的。

根據人行的說法，初期人行所發行的數位貨幣將以取代現鈔為主要目的，功能屬性跟紙鈔完全一樣，只不過型態上是以數位化方式呈現，以方便民眾用於各項支付行為。但新的數位貨幣將採用雙層運營體系，即人行先把數位貨幣兌換給銀行或者是其他運營機構，再由這些機構兌換給民眾，人行並不直接面對民眾。這樣的安排除了與現有貨幣體系相同外，更重要的是讓民眾不會擔心個人支付隱私被政府所掌控。

(四) 中國發展 CBDC 尚待克服之處

前行長周小川強調，發行人民銀行 CBDC 有 4 個好處：(1) 無法偽造，(2) 換發容易，(3) 跨境支付成本大幅降低，(4) 強化洗錢防制與反資恐。而除了這 4 個好處，一般研究認為還能促進金融普及化（普惠金融）的提升，因為許多窮鄉僻壤，實體金融機構不願設點，甚至也不敢提供 ATM，恐淪為歹徒的金庫，從而窮鄉僻壤常被「普惠金融」（Financial Inclusion）排除在外，有待央行 CBDC 以「數位貨幣／電子支付」克服。

不過在推展數位貨幣的過程中，人行也必須面對民眾接受度、實際現鈔與數位貨幣的兌換、對隱私保護的疑慮，以及與民間支付體系的競合關係等問題，必須一一予以克服。除了上述這些內部環境因素之外，人行發行數位貨幣還有一個重要的對外戰略，那就是如何持續推動人民幣的國際化。根據 BIS 統計，2019 年 4 月人民幣在全球外匯交易的占比為 4.3%，在所有貨幣中排名第 8，與三年前的排名相同，顯示人民幣國際化的進程停滯不前。一般認為，人民幣若要國際化，除了解除資本管制外，還要提供深且廣的債券市場，以利避險！

人行副行長陳雨露在《中國金融》撰文，直指要加快法定數位貨幣的研發和可控試點，保障支付安全，並加強金融科技創新研究及其在金融基礎設施建設中的應用。

　　據央行一位高級官員稱，中國約有 1,000 萬人參與其數位人民幣試驗計畫。該試驗已經涉及該國不同地區的數百萬參與者，但這標誌著迄今為止最大的里程碑之一。該國的 CBDC 項目似乎正在取得良好進展。在 2021 年 7 月 8 日的新聞發布會上，中國人民銀行副行長范一飛表示，任何人都可以通過申請白名單參與。使用數位人民幣記錄的交易數量表明受到公眾的熱烈歡迎。此事引起不少輿論關注，並提出了不少問題。數位貨幣到底與虛擬貨幣有什麼不同，基本上，數位貨幣所使用的技術與區塊鏈無關，官方不樂見相關議題的炒作。而與其他電子支付也有不同的地方，例如央行能全程追蹤貨幣流向，杜絕不法洗錢等情事。央行將能精準控制貨幣發行量，並使政策更有效率。長遠而言，數位人民幣還計畫發展出離線支付功能，就算在偏鄉或是網路訊號不好的地點也能使用，不過目前還沒有技術細節。預期是透過藍牙、近距離無線通訊（Near-Field Communication, NFC）等短距加密通訊方式進行，但若長期處在無網路狀態下，如何實現防盜及貨幣追蹤等功能，目前仍待進一步的觀察。

二、瑞典

　　瑞典是全球先進國家中最先進行先導實驗 CBDC 的國家。也是無現金社會發展最快的國家。

　　為什麼瑞典無鈔化進程推進得這麼快？瑞典理工學院專門研究支付系統創新的尼克拉斯・阿維德松（Niklas Arvidsson）教授解釋說，瑞典消費者喜歡新技術，所以開始得比較早。上世紀 60 年代，銀行說服僱主和工人使用銀行轉帳發工資，後來又開始對支票收費，推動了信用卡和簽帳卡的增長。

　　另外，瑞典基礎設施不錯，是歐盟網路最發達的國家之一；瑞典人口相對較少，是理想的創新測試溫床；再就是這個國家一直以來腐敗程度很低。「瑞典人比較信任銀行和政府機構……不怕『老大哥』盯著自己，也不會很擔心電子欺詐。」

　　瑞典是世界上少數幾個現金流通金額逐年下降的國家，其現金相對 GDP 的比率，由 1950 年的 10%，持續下降至目前的 1.5% 左右。最近 10

年，流通中現金的名目金額呈現下降趨勢，已從 2007 年最高峰接近 1,000億瑞典克朗（Swedish Krona, SEK），大幅減少 1/3。尤以過去 2-3 年降幅最多。

　　瑞典央行預期現金的使用量仍會持續減少。一方面，因為消費者零售支付習慣已改變，造成近年來現金提領金額大量減少。根據統計，2015 年該國現金支付占零售支付的比率只有 20%（2010 年為 39%），電子化支付的比率則相對大幅增加，主要的支付工具為轉帳卡及信用卡。

　　依據該行調查統計，使用現金支付 100 克朗以下交易的比率，已從2010 年的 59% 降至 2016 年的 26%，且 63% 的受訪者認為，日常生活中不需要用到現金。另將近一半的受訪商家預計在 2025 年以前停止收受現金。此外，銀行推行 200 克朗以下的卡片支付不須輸入密碼，將促使更多小額支付電子化。

　　現在瑞典有一半以上的人口會在手機下載快捷支付 App（Swish），用於零售支付，以取代現金，主要因為該國人口稀少，使得現金流通成本相對較高，加上網際網路及通訊基礎設施發達，因此，銀行積極縮減現金服務，並鼓勵民眾使用電子化支付。另一方面，以往只能收取現金的零售商家，也因為新的手機 App（iZettle），可以當作卡片的銷售點終端機（Point of Sale, POS），而不用收取現金。因此，瑞典央行估計，截至 2020 年，瑞典的現金流通金額會再減少 25%-50%。

　　在推動無現金社會的發展，瑞典央行扮演以下的角色：

(一) 協助推動零售支付發展

　　雖然現金使用量減少主要是市場因素造成，然而，瑞典央行在創新零售支付服務研發當時，也參與其中，並提供大額支付系統辦理款項清算。

　　此外，該行亦修正現金收存的相關法規，將以往每日由該行處理的銀行與零售商間的現金收存事宜，改由銀行與其他民營單位負責，以及將鈔券及硬幣改版，使其更輕、更小等，均有助於降低現金的流通與處理成本。

（二）關注零售支付發展情形

為了解零售支付發展情形，瑞典央行舉辦支付論壇，邀請各界參與討論。此外，該行已於 2014 年成立零售支付委員會，持續關注支付市場發展，並定期公布相關研究報告。

（三）研議發行 e-Krona

由於現金的使用量持續下降，相對提高現金處理成本，且隨著資訊科技快速發展，支付方式更趨多元，瑞典央行為研議發行電子形式克朗（e-Krona）之可行性，於 2017 年 3 月公布行動計畫。該行已於 2020 年 2 月啟動先導試驗，開發並試驗相關技術解決方案；預計 2021 年 2 月完成，並將視需要延長計畫時程（最多可再延長 6 年）。不過，瑞典央行強調，即使最後決定發行 e-Krona，也只是作為實體現金的補充工具，無意取代現金。

由於本計畫需要數年時間研議與執行才能完成，且支付技術發展日新月異，因此，瑞典央行必須每年檢討計畫內容與預算。該行規劃在本計畫第 1 階段研擬一個或數個 e-Krona 發行方案，提報執行委員會討論，以決定是否繼續進入第 2 階段作業，或者是停止本計畫。第 2 階段主要研擬 e-Krona 及其系統之技術解決方案、測試環境、法規與治理架構等，若執行委員會做出由瑞典央行發行 e-Krona 之決議，將進入第 3 階段執行面作業，訂定 e-Krona 發行、管理、技術、法規架構等面向的細部內容。e-Krona 可分為存放在瑞典央行帳戶的「帳戶基礎」，以及屬預付工具性質的「價值基礎」等 2 種運作模式。帳戶基礎可計息，價值基礎則不允許計息。價值基礎在 250 歐元內小額交易可匿名，帳戶基礎則不可匿名。圖 6-3 是 e-Krona 的系統設計[24]。

瑞典幾大銀行，包括瑞典北歐斯安銀行（SEB）、瑞典銀行（Swedbank）、北歐聯合銀行（Nordea Bank）等，有半數以上的分行不存現金，也不接受現金存款。他們說這顯著節省了保安成本，因為劫匪搶劫

---

24 本圖參考中央銀行（2019），《央行理監事會後記者會參考資料》，2019 年 3 月 21 日。

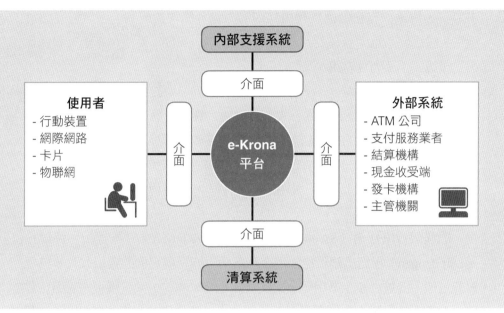

圖 6-3　e-Krona 的系統設計架構

銀行的誘因沒有了。但是，不是每個人都喜歡新潮流。瑞典有個全國性組織，名叫 Kontant upproret（Cash Rebellion），意思是「現金抗爭」。除了為「弱勢群體」爭取繼續用現金的權利，它還關心身分盜用、消費者債務上升和網路攻擊等問題。

前瑞典國家員警總監兼國際刑警組織主席，艾利克森（Bjorn Eriksson）就指出[25]：「我個人喜歡信用卡。但是我生氣，因為有上百萬人可能不喜歡用卡──老人、剛出獄的人、遊客、移民。銀行不管，因為這些人不是能帶來存款的主要客戶。」他現在擔任瑞典私營保安公司協會（Association of Swedish Private Security Companies）會長，這協會是一個保護現金流通的遊說團體，指責銀行和信用卡公司試圖「用高定價將現金擠出市場」，讓位給卡式支付和電子化支付好要求費用獲取收入。「我不認為這事應該由它們

---

25 Liz Alderman, *In Sweden, a Cash-Free Future Nears*, The NewYork Times, Dec. 26, 2015，參考網址：https://www.nytimes.com/2015/12/27/business/international/in-sweden-a-cash-free-future-nears.html。

決定」，他說：「它們應該利用其市場力量，使瑞典成為一個無現金社會嗎？」「這個系統太容易受到干擾或操縱了……只要切斷支付系統，我們就束手無策。」艾利克森說。

這倒不是誇大其詞。過去 10 年，瑞典的電子欺詐案翻了一倍以上；瑞典政府因為 IT 服務外包導致重大資料洩露，幾乎把執政聯盟拉下馬。從那以後，關於資料安全的討論越來越多地出現在政府議程上。雖然多數瑞典人接受無現金創新，但三分之二的人不想完全擺脫紙幣和硬幣。瑞典可能引領全球潮流，走向無現金未來，但在此過程中，一個更傳統的瑞典特質也會發生作用，那就是謹慎。

瑞典銀行家協會（Swedish Bankers' Association）官員雷夫‧特羅根（Leif Trogen）承認，銀行從無現金化革命中能獲得可觀的費用收入。特羅根說，但由於銀行和企業用現金開展交易是有成本的，減少現金的使用在財務上是合理的。現金當然還沒有死。瑞典央行瑞典國家銀行（Riksbank）預計現金流通量將下降得很快，但未來 20 年仍然會流通。瑞典國家銀行近日剛剛推出硬幣和紙幣的新設計。但是，對於越來越多的消費者來說，現金付款已不再是消費習慣。在哥德堡大學（University of Gothenburg）的學生說，他們幾乎只用卡式支付和電子化支付。

正如瑞典央行在 2021 年 4 月 e-Krona 第一階段報告所強調，需要同時兼顧安全、隱私與便利性，e-Krona 是在 R3 的 Corda 區塊鏈平台下運作，由瑞典央行決定參與者並向系統提供流動性，該網路與現行支付體系是平行運作的，可以降低因任一方的中斷所導致的損害，但是尚有許多不足要持續強化，例如推動完整的線下運作模式、辨識是否有屬於個人資料被儲存及管理、並確保在零售運用範圍尚能達到規模經濟，因此整體計畫可能需要到 2026 年才能完成。

三、臉書的天秤幣（目前改名為 Diem）

前面針對中國與瑞典，我們介紹了與貨幣花中有關央行發行的 CDBC 相關發展，這節要介紹右下角兩朵花瓣，它們就是民間發行的數位貨幣（一

般以 Token based 為主）。

　　提到民間的數位貨幣，一般直覺會首先想到比特幣和以太幣之類的虛擬貨幣，但它們最大的缺點是未能被信任以及幣值的波動太大，不適合作為交易用的貨幣。

　　因此市場上逐漸開始有非穩定幣以及穩定幣（Stablecoins）的分別。一般而言，穩定幣泛指不受價格波動影響的加密貨幣。穩定幣常見的設計為 IOU（I Owe You）發布模式[26]，在 IOU 模式下，企業可發行自有穩定幣，該企業必須持有等量的資金本位才可發行代幣，資金本位含美元或是等同之有形資產如：黃金等。當市場出現穩定幣供不應求狀況時，穩定幣發行公司將會依當下的市場行情適度增加穩定幣之發行數量。反之，當供給大於需求時，發行代幣之廠商必須收購該穩定幣，以維持該代幣對法幣的恆定值。因此，穩定幣是一組「中心化」的加密貨幣，用戶必須相信穩定幣發行公司確實有相應的資產存量，才可賦予其價值。目前最有名的穩定幣是 Tether 發行的 USDT（USDTether 的縮寫），與美元一比一掛鉤。持有 USDT 的用戶只要在 Tether 公司完成認證，扣除手續費後，即可以使用美元 1：1 的匯率將 USDT 兌換成法幣。穩定幣的發展，讓大家用更大的視野來看待貨幣已演變到數位的形式來提供支付服務。傳統的雙層中心化的系統，在科技和數位經濟的帶動下，已進步到三層系統。分別是中央銀行貨幣、商業銀行貨幣、電子貨幣。而比特幣等虛擬通貨因幣值起伏過於激烈，仍無法作為貨幣使用，穩定幣因而開始茁長。

　　雖然有不少穩定幣的發行，但真正引起軒然大波與各國政府及央行關注的應屬臉書宣稱要推出的天秤幣（Libra）。

　　在介紹天秤幣之前，首先值得將大型科技企業（BigTechs）和金融科技業者（FinTechs）做個比較。「BigTechs」指的是原本從事社群網站的

---

26 請見 Cole Kennely, *Understanding the Three Types of Stablecoins*, Coin Central, 06 Nov 2018，參考網址：https://coincentral.com/types-of-stablecoins/，雖然目前市場上的穩定幣大致可以分為三種類型：借據抵押、鏈上抵押和無抵押算法三類，但最主要的還是第一種。目前最為常見的是美元穩定幣，如 USDT、TrueUSD、GUSD、PAXBasis、Carbon、Fragments、Feron 等穩定幣均採用這種方式。

業者跨業進入金融業，基本上與傳統銀行帶來巨大的衝擊。如臉書幣。「FinTechs」指的是科技業從事金融業，基本上是對傳統銀行業產生互補的效應。

以社群媒體起家的 BigTech 臉書（Facebook），於 2019 年 6 月公開穩定幣 Libra 的發行計畫，希望作為全球支付工具，由於該公司的用戶數逾 20 億，足以影響全球金融體系，故引發各界議論，並帶動各國主管機關對於 BigTechs 涉入金融領域的重視。一般人開始覺得 BigTechs 值得關注的包括有：

(一) 數位獨占

BigTechs 具有數位獨占（Digital Monopolies）特性，對用戶進行差別定價，如計算出借款者願意付出的最高貸款利率、排除高風險群獲取經濟租，傷害小型企業並扼殺創新，導致財富分配不均情形越趨嚴重。

(二) 監理套利（Regulatory Arbitrage）和法規缺口

1. 數位科技使新產品無法符合傳統的金融分類，這些新產品恐因現有的法規缺口，而不受管制。
2. BigTechs 不用取得銀行執照，就可推出類似銀行所提供的產品，且其在用戶數據的獲取及分享等方面的監管與傳統銀行不對等，恐形成監管套利。
3. 各國金融服務市場因發展情況不同，加以地緣政治的緊張局勢，導致缺乏一致性的管制方法。

臉書，正是這樣的一家及典型的 BigTech！

臉書於 2019 年 6 月 19 日宣布計畫發行穩定幣 Libra 來作為全球性的支付工具，其白皮書[27] 前面有這樣一段感性的介紹：

「在我們一起踏上這段旅程時，我們認為，重要的是分享我們的信念，

---

27 Lynx Chang，《Facebook-Libra 白皮書（中文版）》，Jun. 28, 2019，參考網址：https://reurl.cc/kVblzK。

使我們打算圍繞這一倡議發起的社群和生態系統保持一致：

- 我們認為，應該有更多的人能夠獲得金融服務和廉價資本。
- 我們認為，人們有控制其合法勞動成果的固有權利。
- 我們相信，全球、開放、即時和低成本的資金流動將在世界各地創造巨大的經濟機會和更多的商業活動。
- 我們相信，人們將越來越信任分散的治理形式。
- 我們認為，全球貨幣和金融基礎設施應該作為一種公共產品來設計和管理。
- 我們認為，我們都有責任幫助推進普惠金融，支持道德行為者，並繼續維護生態系統的完整性。」

根據其白皮書介紹的基本的內容包括有：

(一) 旨在「建立一套簡單、全球性的通貨，以及為數十億人服務的金融基礎設施。」

(二) 由 Libra 協會管理：臉書擬與 Visa、PayPal、Uber、eBay 等 28 家機構，成立獨立的非營利組織「Libra 協會」（目前已更名為 Diem 協會）負責管理。

(三) 以主流貨幣作為發行準備：Libra 保持傳統中心化的發行方式，由Libra 協會依據美元、英鎊、歐元、日圓等主流貨幣構成的發行準備，發行以一籃子貨幣計價的 Libra。補充：這一籃子中美元約占 50%，不包含人民幣，這無疑對於人民幣國際化的進程是一大打擊。

(四) 多層式運作架構：Libra 協會不直接面對使用者發行 Libra，而係透過授權經銷商處理大額的 Libra 需求，再分配至合作的交易平台，由各地的交易平台供應使用者小額的 Libra 需求；使用者可透過臉書旗下的錢包軟體 Calibra（目前改名為 Novi 錢包），或是 Messenger 及 WhatsApp移轉 Libra，並經由區塊鏈系統記錄相關交易；若使用者欲將 Libra 贖回成貨幣，可將 Libra 向交易平台兌換成貨幣，另由交易平台，經授權經銷商輾轉將Libra 交給 Libra 協會銷毀。Libra 的運作架構，與它和電

子貨幣及比特幣的比較可見圖 6-4 與表 6-2[28]：

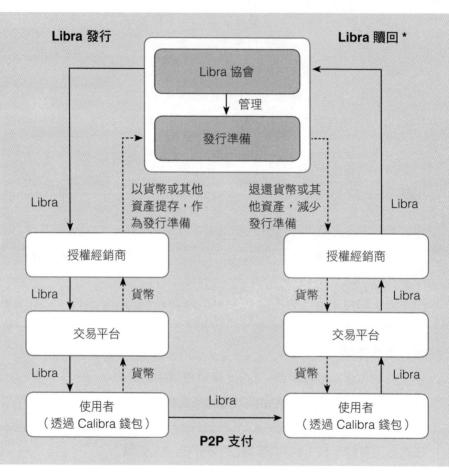

圖 6-4　Libra 的運作架構

28 圖與表均為參考中央銀行（2019），《央行理監事會後記者會參考資料》，2019 年 9 月 19
日。

表 6-2　Libra 與電子貨幣、比特幣的比較

項目	Libra	電子貨幣	比特幣
中心化發行	○	○	X
有發行準備	○	○	X
以法償貨幣計價	△ （一籃子貨幣）	○	X
區塊鏈技術	○	X	○
受政府監管	?	○	△
全球流通	○	X	○
使用場域	全球支付	小額支付	投機為主

（○：符合、△：部分符合、X：不符合）

　　多數國家主管機關對 Libra 抱持審慎的態度，認為 Libra 雖可能具有創新的效益，但其風險亦不可忽視，可能影響包含消費者保護、個人隱私、資本移動管理、反洗錢、反資恐、銀行支付業務、金融穩定及貨幣政策等，故要求臉書須符合最高標準之監理規範，以確保其具備完善的風險管理措施，且與傳統金融機構競爭基礎一致。尤其是臉書在經過劍橋分析公司的資訊外洩事件後[29]，個人隱私這方面勢必會受到更高強度的檢驗。一般認為 Libra 應和傳統金融機構受到一致的高標準，才能確保風險極小化，效益極大化。目前，Libra 發展仍面臨考驗，為符合各國監管規範，或將抵銷其競爭優勢。

　　另有一種比較陰謀論的說法是，天秤幣會有挑戰美元霸權的可能，因此，成為美國政府不願明說的反對理由之一。

---

29 詳情可參見 Facebook–Cambridge Analytica數據醜聞，參考網址：https://en.wikipedia.org/wiki/Facebook%E2%80%93Cambridge_Analytica_data_scandal，最近瀏覽日期：2019 年 9 月 29 日。

最新發展是一些天秤幣的支付系統業者陸續退出[30]，對其發展計畫產生巨大的衝擊，甚至可能胎死腹中，但只要各國政府不善加維護法幣的公信力，或是社會上有更能解決痛點的方式與更便利的需求，配合了創新與獲利的人性發展；全然非現金社會或許短期不會實現，但這樣的動力與趨勢在可預見的未來卻是勢不可擋。

我們央行一直相當關注數位貨幣的發展，也曾公開提到新台幣發行數位貨幣並無暫時的「急迫性」，然而也有聲音擔心，台灣在手機的應用上，已被國際各大平台「殖民」，各主流 App 的信用卡跨國金流，可能將被新台幣以外的數位貨幣取代[31]。這樣的呼籲，究竟是杞人憂天、危言聳聽，還是會未卜先知、一語成讖，也只好留待時間來證明了！

畢竟相關的後續發展，值得我們持續高度地關注！

第三節　邁向無現金社會之省思　⑤

參酌我國支付業務民情發展、社會大眾與商家使用及發展普惠金融等面向，王儷容、林蒧均、王士維（2020）建議[32]，主管機關應以打造我國成為無現金社會為最大目標，並以行動支付發展作為我國未來長期步入數位化社會之核心基礎建設，使其成為民眾生活上各方各面之重要工具。

該研究認為，無現金社會與行動支付發展並非零和關係，而是發揮其互補性，降低彼此在使用上的困難與衝突。該研究指出，倘若以導入行動支付設備作為我國主管機關發展行動支付之施政成績表現，實際上可能淪於揠苗助長，使民眾逐漸排斥與不願接觸使用行動支付，對於政府主管支付之各部會也不甚公平。因我國在目前許多商業應用場景，仍有導入行動支付之困境與難題有待解決，甚至在先天上本就不適合透過行動支付作為支付工具，

---

30 例如：PayPal、eBay、Stripe、Master card 與 Visa card 在 2019 年 10 月宣布將退出 Facebook（臉書）的天秤幣（Libra）聯盟。

31 楊方儒，〈新台幣恐遭「殖民」〉，言論，中時新聞網，2019 年 10 月 29 日。

32 王儷容、林蒧均、王士維（2020），《從國際支付生態發展研析我國金融創新及監理政策》，金融監督管理委員會 109 年度委託研究計畫，中華經濟研究院，2020 年 12 月。

然而這樣的課題並非從硬體設備的普及或是在各大場景放上 QR Code 供民眾作支付選擇，就可獲得改善解決。此甚至與消費者偏好早已根深柢固有所關聯，因而使其選擇非現金支付工具，而不願嘗試使用行動支付。如：信用卡的後付（Pay After）功能，大大降低民眾使用電子支付的先付（Pay Before）儲值帳戶與現付（Pay Now）銀行帳戶扣款的功能，又或是大學生族群因悠遊卡綁定學生證之功能，因而以此作為小額支付之用途，降低其使用行動支付之動機。

也因此，王儷容、林葳均、王士維（2020）建議主管機關應透過行動支付 App 的本質即支付疊加交易，並與民眾生活資訊連結作為創新應用，意即行動支付不只是單純的支付工具，更應該是我國民眾數位化生活的基礎建設，故建議要從提升民眾使用行動支付的「動機」作為思考，而這就須與我國數位化社會之展望進行溝通與連結。譬如：大學生使用電子票證之習慣主因來自其可作為實體學生證，那麼就應探索協助各大專院校與電子支付業者打造「數位化學生證」，使其具有使用的動機，從而將學生校園生活進行整合，從上課點名、圖書證與宿舍門禁使用 QR Code 掃描、教授請假等資訊，以 App 進行推播，或是目前已有推出的校園生活補助津貼以電子支付帳戶發放等。目的是要提升學生校園生活的便利性，一機在手即可完善生活，對於校園課程訊息的取得也得以更加即時快速，並且降低許多實體行政流程的人力資源與時間成本浪費。長遠而言，對於因應我國步入高齡化與少子化社會，亦應有若干助益。

再來必須提及的是，為邁向無現金社會，深化一卡一付虛實整合之發展應是相當重要之一環。隨著我國電子票證與電子支付專法進行整併，主管機關與業者可思考將實體電子票證與電子支付帳戶進行數位化延伸[33]。以悠遊卡為例，用戶現今需要先進行悠遊卡實名認證，方可透過悠遊付對於悠遊卡進行自動加值，但自動加值之過程需待實體悠遊卡內之儲值金低於一

---

33 引用自 Dylan Yeh，責任編輯：陳映璇，數位時代 Business Next，2019 年 11 月 13 日。取自：https://www.bnext.com.tw/article/55460/facebookpay-launch-facebook-whatsapp-instagram-messenger-features。

定額度，其才會自動加值。對此，上述研究認為，可參考馬來西亞電子錢包 BigPay 所發行預付簽帳儲值卡 Prepaid Mastercard，亦即，用戶使用預付簽帳儲值卡之簽帳額度是來自於其 BigPay 電子錢包帳戶之餘額，支付型態屬於 Pay Before。若果如此，則未來我國四大電子票證之電子支付帳戶亦可仿效此類型模式進行發展：亦即用戶仍可透過電子票證進行大眾交通工具乘車、小額消費與政府規費繳納等應用，但其實體電子票證卡內之餘額則是與其電子支付帳戶進行連動，達成一卡一付之虛實整合目的。

惟該研究提醒，實務上，仍需考量電子票證之連動額度上限、單筆交易額度上限、金流風險控管等問題，以及記名票證掛失之消費者保護，與即時關閉電子票證餘額連動電子支付帳戶功能；又或是未成年用戶之法定代理人對於其電子票證與電子支付餘額交易額度之限制權限，未來在施行上，上述諸多面向皆需要主管機關及業者通盤思考。

最後必須提及的是，隨著數位化的發展，貨幣和數據將變得更加緊密地聯繫在一起。如果中央銀行發行 CBDC，則相關交易資訊將流入中央銀行。其含義不僅是保護個人資訊的問題，而且還關乎社會需要什麼樣的系統設計，以便有效地將這種商業資訊用於商業目的的問題。中央銀行需要加深對發行 CBDC 的好處以及挑戰和風險的理解。此外，關於挑戰和風險，中央銀行需要扎實考慮是否具備有效措施應對這些挑戰和風險。譬如：在設計未來的支付和結算系統時，重要的是要研究如何透過考慮中央銀行貨幣與私人貨幣之間的相互作用，來改善系統的整體功能。

在更加走向無現金社會的未來，對於數位貨幣未來的發展，國際貨幣基金 IMF 表示，隨著未來有更多國家推進嘗試 CBDC，該項目將會從國內應用開始轉移到跨境兌換、跨境應用等領域，屆時 IMF 等組織在國際層面上就會有很多任務要做，以協助數位貨幣最終能夠進行兌換。IMF 將會發行關於全球數位貨幣進展的相關報告，該報告將聚焦研究探討私部門數位貨幣以及央行數位貨幣對總體經濟、貨幣政策的影響與衝擊。

第七章

數位貨幣相關法令
規範與會計財稅

Nowaday people knows the price of everything, but the value of nothing.
現代人知道每種東西的價格，但不知任何東西的價值。

～～Oscar Wilde 奧斯卡‧王爾德

第一節　數位貨幣相關法令

　　一般來說，作為貨幣所需的具備要件，應包括：易於識別、品質一致、易於分割、易於儲存、易於輸送、易於延展等幣材要件，以及普遍接受性之必要條件，通說貨幣的四個功能[1]：交易的媒介（medium of exchange）、計價的標準（stand of value, unit of account）、價值的儲存（store of value）和延期支付（deferred payment）的標準。

　　我們分別就法幣、功能型代幣與數位貨幣三個面向，來蒐集我國現行法令與主管機關對於貨幣功能所認定的視角，並綜合社區貨幣的特性來貫穿其中，希望能有一個比較全面的認識。

一、法幣相關法令

(一) 貨幣單位相關法令

　　中央銀行總裁楊金龍[2]（2018）表示貨幣須具備的三大功能，包括：可作為價值儲藏的工具、可普遍被接受作為交易媒介、可普遍作為計價或記帳單位。然而，依此觀之，股票、房地產等其他金融資產，也具備類似的貨幣功能，但是，上述計價標準是貨幣獨異於其他金融資產的功能。

　　日常生活所使用的貨幣單位是「新台幣：元」，有關貨幣單位或發行面額之擬定，依中央銀行法第十五條第二款規定，概由中央銀行擬定所發行紙幣及硬幣之面額、成分、形式及圖案。有關券幣規格之規範，依同法第十五條第一款：「國幣之基本單位為圓，輔幣為角、分」，另外，依現行法規所定貨幣單位折算新台幣條例第 1 條：「為現行法規所定貨幣單位折算為新台

1　威廉・斯坦利・傑文斯（William Stanley Jevons），《貨幣與交換機制》（*Money and the Mechanism of Exchange*），第一章，The Library of Economics and Liberty, Econlib, May 31, 1875, p.349。

2　中央銀行總裁楊金龍，2018 年 10 月 22 日，〈虛擬通貨發展現況及主要國家監管措施〉暨〈如何避免泛公股行庫藉著防制洗錢所需，針對香港澳門大陸地區金流進行嚴審現象〉專題報告，立法院第 9 屆第 6 會期，財政委員會第 6 次全體委員。

幣」。

　　現今國內日常使用的貨幣係由政府發行，依據上述第十三條第一款規定，「貨幣係由中央銀行發行」，第十四條也規定「於必要時得分區委託公營銀行代理發行貨幣，視同國幣。」

　　依中央銀行法第十六條規定，中央銀行發行及委託發行之貨幣，包含金銀、外匯、合格票據及有價證券。這類合格票據、有價證券主要特性在於其如同法幣，可以不受限制地流通。相對地，如果由任何團體或組織發行的社區貨幣，雖然稱謂上有貨幣之名，卻無法幣之地位，如要達到普遍接受性之必要條件，對於參與的交易者們需要彼此之間一定程度以上的共識。也就是說，社區貨幣之發行機制，需要包含針對當地城市經濟的需求，其解決方式也以針對從事解決需求的居民或參與者，並兼具民眾教育、說服商家之規劃。

(二) 偽造貨幣、變造貨幣相關法令

　　依據刑法第 195 條「意圖供行使之用，而偽造、變造通用之貨幣、紙幣、銀行券者，處五年以上有期徒刑，得併科十五萬元以下罰金。」此外，依據刑法第 196 條「行使偽造、變造之通用貨幣、紙幣、銀行券，或意圖供行使之用而收集或交付於人者，處三年以上十年以下有期徒刑，得併科十五萬元以下罰金。」以此觀之，從立法的立場，不論是貨幣還是有價證券，對於偽造的處罰都比行使要來得嚴重。則在社區貨幣網絡中，貨幣真實性的驗證繫於條碼，編碼技術相對容易，流通的目的在於換取有價值之物，若以先偽造後行使論行使的話，是否會形成鼓勵偽造的行為人勇於行使之結果？值得商榷。

　　客觀不法構成要件而言，本罪之行為有二：一為偽造通用之貨幣，另一為變造通用之貨幣。偽造通用之貨幣係指無貨幣印製權或鑄造權者，模仿真幣或印製或鑄造具有真幣外形，使人極易誤認為真幣之偽幣；變造貨幣係指就現具有強制通用力之貨幣加以改造，使其得以混充票額不同之其他真幣，或使本限於甲地流通之真幣得在乙地使用之加工行為。

　　偽造、變造國家有價證券罪在主觀方面必須是出於故意，並且具有使偽造、變造的政府債券進行市場，從而獲取非法利益的意圖。在客觀方面表現為偽造、變造國庫券或者國家發行的其他有價證券數額較大的行為。

　　花幣屬於「時間幣」（time dollar）的一種，最初由花園新城社區居民與畫家賴吉仁等人一同推行設計的，共分為十分、三十分、六十分三種，因是畫家手繪原作，不易遭到偽造、變造。其他的社區貨幣則多倚賴 QR Code、App、區塊鏈等科技技術，得以被保存且不能被竄改與偽造。

二、功能型代幣相關法令

(一) 類似紙幣有價證券交易法

　　有價證券適用法律包括證券交易法[3]、公司法及其他有關法律。證券交易法第六條第一項之規定，有價證券係指政府債券、公司股票、公司債券及經主管機關核定之其他有價證券。以及同法第六條第二項新股認購權利證書、新股權利證書及前項各種有價證券之價款繳納憑證或表明其權利之證書。也就是說，有價證券需經主管機關核定，並需為表明其權利之證書，即使其他有價證券未印製表示其權利之實體有價證券者，亦視為有價證券。

　　有價證券發行人係指公司，依同法對於公司之規定，見於第四條：「本國公司係指依公司法組織之股份有限公司，而外國公司係以營利為目的，依照外國法律組織登記之公司。」社區貨幣發行之目的，大多著眼於各縣市的虛擬通貨與新型態電子化支付生態，為在地商家與消費者創造新價值，而非為了以營利為目的。高雄幣的發行人為電腦軟體服務公司與大高雄商圈總會，發行高雄幣之初業經地方主管機關核定，卻不以籌募資金為目的；台東縣政府發行台東金幣目的之一在促進電子化支付的發展；另外，嘉義幣將每個節點都「上鏈」，讓鳳梨、小番茄等農產品，都可公布完整的生產履歷且不可竄改，獲得嘉義幣回饋則是誘因。

3　證券交易法第二條：「有價證券之募集、發行、買賣，其管理、監督依本法之規定；本法未規定者，適用公司法及其他有關法律之規定。」

(二) 紅利積點相關法令

時任金管會主委的顧立雄主委 2019 年 1 月 23 日出席「華南金控第 3 屆金融科技創新競賽頒獎典禮」上表示，高雄幣只算是一種紅利積點，並不屬於貨幣，因為高雄幣係由消費所產生，累積的高雄幣可用來折抵下次消費金額，因此不具備貨幣所必需的儲值和流通性[4] 之功能。中央銀行發行局局長施遵驊[5] 2019 年 1 月 8 日說明，「高雄幣」其實不是貨幣，是某種折扣或優惠券，與央行的鑄幣權或專利並不牴觸，而且高雄幣沒有實體化，變成手機在行動支付的載具中使用。

依據「信用卡業務機構管理辦法」第 19 條第 4 項規定，信用卡紅利點數之使用範圍，限於：兌換商品；折抵刷卡金額或消費金額；折抵信用卡附加功能使用費；折抵信用卡循環信用利息或相關費用；折抵銀行相關業務手續費及利息；兌換哩程酬賓；折抵電信費用或公用事業費用或捐款金；移轉予其他持卡人。在處理程序上，以刷卡消費積點或現金紅利兌換商品或折抵各項費用之折讓處理方式，發卡機構帳載兌換商品、抵減次期消費款、折特約商店部分消費金額及折抵其他公司之基金手續費、保險費、房貸利息等記錄，並出具承諾書敘明原因，核實沖減當期之銷售額及營業稅額。另外，發卡機構收取基金手續費、保險費、房貸利息收入開立統一發票時，既已確定給予買受人折讓，應依本部 75 年 4 月 28 日台財稅第 7541444 號函規定，按原售價開立統一發票，並在發票備註欄註明折讓金額，銷售額合計欄按實收金額（折讓後金額）填列。

在性質上，高雄幣可說是一種「集點紅利給回饋折抵」的概念。但在本質上，卻與紅利回饋不相同，消費者拿著高雄幣只能用在下一筆消費，而且若沒有在特定期間（三個月）內折抵消費，折抵的價值就會減值為零。因此，高雄幣屬於線上智能合約的一種，不算是支付也不是消費。吉賽爾（1916）認為，如果貨幣價值在一定期間會遞減，則貨幣持有者即不儲蓄而

4　參見郭幸宜，2019 年 1 月 22 日，〈高雄幣算貨幣？顧立雄：僅類似紅利積點〉，鉅亨網，取自：https://news.cnyes.com/news/id/4272123，最近瀏覽日期：2019 年 5 月 5 日。

5　陳美君，2019 年 1 月 8 日，〈高雄幣是什麼？央行：城市貨幣類似折扣優惠券〉，經濟日報，取自：https://udn.com/news/story/10958/3582414。

提早消費，如此一來，可促進貨幣流通的速度（Velocity of Money），因而經濟得以活絡（Bernard Lietaer, 2002）。

其次，紅利點數之產生，發行紅利點數機構的存在是需要的，簡單地說，在初始發行階段是由發行機構扮演創始者的角色，並於發行時需要載明兌換商品、抵減次期消費款、折特約商店部分消費金額及折抵其他費用或支付等記錄。然而，高雄幣係由消費所產生，未存在創始攤位或店家，且其承諾內容僅限於特定夜市攤位和店家折抵下次消費金額，其折抵範圍是有限的。再者，也因為高雄幣之創始攤位或店家，並未出具承諾書敘明原因，也就無法核實沖減當期之銷售額及營業稅額。

「高雄幣」初期運用在三大夜市商家，消費者下載 App「幣多多」，完成身分認證、綁定帳戶後，只要消費就能獲得「高雄幣」回饋，獲得的「高雄幣」可以在下次消費時折抵。據了解，截至 2019 年 4 月底，App 下載人數已有一萬多用戶。也就是說，夜市商家與消費者藉由 App「幣多多」而產生購物折讓金額，是屬於線上智能合約的一種，不算是支付也不是消費（劉湘國，2019）。

另一方面，同被認為屬於紅利折扣點數概念的「台東金幣」，由台東縣政府擔任發行機構，於 2017 年建置在 TTPush 行動 App 上，自發行以來，發出了超過 5 千萬枚，並有超過 300 間優質商家參與，消費者可憑金幣兌換超過 700 種商品。「台東金幣」取得方式，即為民眾經由上網填寫縣府問卷、服務品質調查，或參與縣府活動後，而獲取數枚「台東金幣」作為獎勵。每 10 枚「台東金幣」等值新台幣 1 元，藉此鼓勵民眾參與公共事務。另外，東森幣自 2018 年 8 月發行以來，也達到了推升東森購物交易量的目標。為繁榮地方經濟的「高雄幣」，民眾在該市轄區內特約商家消費，可獲取支付金額一定比例的回饋，用以折抵下次消費。綜合而言，「高雄幣」與「台東金幣」，皆非央行所發行的法定貨幣，只是利用行動載具累積點數，限於當地特約商家消費使用的數位行銷工具，且有一定使用期限，並不影響

央行新台幣的發行與流通（呂清郎，2019）[6]。

(三) 航空哩程點數相關法令

　　若航空哩程係由可累積哩程的信用卡，搭配航空公司哩程點數方案而取得；或是透過航空聯名卡信用卡來作為日常消費；信用卡點數轉換或優惠的回饋金，可適用前述紅利積點相關法令，除信用卡點數系統之外，若航空哩程係由各間航空公司之間自動累積哩程途徑而來，於搭乘飛航服務之後而獲得哩程數，其概念和一般的紅利點數差不多，為情況類似以刷卡消費積點或現金紅利兌換商品或折抵各項費用之折讓處理方式。

(四) 百貨禮券相關法令

　　營業人發行之禮券有兩種[7]，分別為**商品禮券**及**現金禮券**。商品禮券係於禮券上載明憑券兌付一定數量之貨物，而現金禮券僅於禮券上載明金額，由持有人按禮券上所載金額，憑以兌購貨物。高雄幣 App 上可顯示高雄幣可使用金額，民眾連結後可以據以折抵消費金額之一部分，可視為無紙化的禮券。

　　另一方面，定型化契約種類繁多，例如：汽車買賣、電器買賣、套書（百科全書等）買賣、教學光碟買賣、婚紗攝影（禮服租售及拍照）。零售業等商品（服務）禮券適用之行業別包含：零售業（食品、服飾品、家庭電器及設備、電腦資訊設備、運動用品、百貨公司、超市、便利商店、量販店、加油站等）、洗衣業、視聽歌唱業、一般浴室（三溫暖）、理髮美髮業、K 書中心、遊樂園業（僅營利性兒童遊樂園，如：室內親子樂園等）等行業[8]。

6　參照呂清郎，2019 年 1 月 23 日，〈央行：「高雄幣」與「台東金幣」皆非貨幣〉，工商，取自：https://www.chinatimes.com/realtimenews/20190123003130-260410?chdtv。最近瀏覽日期：2019 年 5 月 5 日。

7　統一發票使用辦法第十四條：「一、商品禮券：禮券上已載明憑券兌付一定數量之貨物者，應於出售禮券時開立統一發票。二、現金禮券：禮券上僅載明金額，由持有人按禮券上所載金額，憑以兌購貨物者，應於兌付貨物時開立統一發票。」

8　經濟部 95 年 10 月 19 日經商字第 09502428980 號公告，零售業等商品（服務）禮券定型化契約應記載及不得記載事項，自 96 年 4 月 1 日生效。

　　商品（服務）禮券，指由發行人發行記載或圈存一定金額、項目或次數之憑證、晶片卡或其他類似性質之證券，而由持有人以提示、交付或其他方法，向發行人或其指定之人請求交付或提供等同於上開證券所載金額之商品或服務，但不包括發行人無償發行之抵用券、折扣（價）券。前項所稱晶片卡不包括多用途現金儲值卡（例如：悠遊卡）或其他具有相同性質之晶片卡[9]。

　　單純性之商品（服務）禮券係屬無記名證券，無利息、年金及分配利益之零售業單純性之商品（服務）禮券；至於零售業結合會員卡與單純性商品（服務）禮券雙重性質及功能而發行之儲值式（複合式）晶片卡，因具會員姓名或其他足資辨別之特徵，非屬無記名證券。高雄幣持有人因其連結的App「幣多多」，可以追溯 App 及登錄者代碼等其他足資辨別之特徵，並非像禮券為單純的無記名方式，高雄幣本身無利息、年金及分配利益之設計，可視為無次級流動市場功能、折抵價值於短期間就會減值的電子集點卡或優惠券。

三、數位貨幣相關法令

(一) 電子票證相關法令

　　依據電子票證發行管理條例第 3 條之條款，相關用詞：

1. 電子票證：指以電子、磁力或光學形式儲存金錢價值，並含有資料儲存或計算功能之晶片、卡片、憑證或其他形式之債據，作為多用途支付使用之工具。

2. 發行機構：指經主管機關許可，依本條例經營電子票證業務之機構[10]。

3. 多用途支付使用：指電子票證之使用得用於支付特約機構所提供之商品、服務對價、政府部門各種款項及其他經主管機關核准之款項。但不包括下列情形：

(1) 僅用於支付交通運輸使用，並經交通目的事業主管機關核准。

9　經濟部函釋令 960319 - 零售業等商品（服務）禮券定型化契約應記載及不得記載事項。

10 金融監督管理委員會於 2018 年 11 月 5 日頒布〈電子票證發行機構業務管理規則〉。

(2) 以網路或電子支付平台為中介，接受使用者註冊及開立電子支付帳戶，並利用電子設備以連線方式傳遞收付訊息，於使用者間收受儲值款項。

國內所通行的電子票證，包含悠遊卡、一卡通、icash、有錢卡四種系統。因應第三方支付業務興起，相關發行機構受有《電子票證發行機構業務管理規則》規範。對照之下，目前社區貨幣發行機構尚未向主管機關申報電子票證營業項目之規範，並且，倘營運模式同時構成電子支付及電子票證業務時，應受《電子支付條例》規範。

高雄幣因減值期間短，雖然可為儲存金錢價值，卻不是主要功能，也含有資料儲存或計算功能，但因只限於夜市攤商之消費，目前尚未具備多用途支付使用之工具，那麼高雄幣可視為電子票證？對照之下，目前社區貨幣發行機構尚未向主管機關申報電子票證營業項目。高雄幣因不用事先儲存台幣，故不是電子票證發行管理條例的儲值卡，也不是電子支付條例所謂的支付平台（王儷容、沈中華，2019）。此外，Bristol Pound（布里斯托鎊）除了紙幣，還推行了電子化支付系統，方便現代人使用手機付費，前Bristol 市長 George Ferguson，還曾經以 Bristol Pound 領取其全額薪水，甚至連 Bristol 的市政稅、商業稅、瓦斯費用等，都已接受以 Bristol Pound 來支付[11]。

(二) 虛擬貨幣相關法令

由於虛擬貨幣一方面強調去中心化、匿名，一方面可以快速在線路中傳遞位元轉換的訊息，也可以以任何面額或細分成微小單位來發行，相關限制是資料庫欄位的記數系統，以及有關資安和管理層面的偽造與詐欺的防患。虛擬貨幣是一種數位資產，因此與其他數位資訊一樣，要偷竊可以說容易，也可以說很難。

---

11 參照張詠晴，2019 年 6 月 26 日，〈陳其邁：高雄幣的應用範圍應該更大！從這三個例子來看「社區貨幣」的崛起〉，取自：https://tw.money.yahoo.com/ 陳其邁-高雄幣的應用範圍應該更大-從這三個例子來看-社區貨幣-的崛起-071500518.html，最近瀏覽日期：2019 年 8 月 6 日。

　　偽造貨幣與貨幣的種類很有關係。金屬貨幣可以藉由高密度與擁有某些性質來避免偽造，紙幣需要精巧的印刷，以及將一些東西內嵌到裡面以避免複製。虛擬貨幣是無形的，乍看之下可以免於偽造，但要設立一個外觀與運作類似真實銀行網頁的假網頁，其實是一件簡單的事。另外，觀察近年來虛擬貨幣事件，發生問題的端點常常不是貨幣本身，而是詐稱自己擁有貨幣與有權移轉貨幣的人。

　　虛擬貨幣目前具有免稅、不受管制的優點，但是若當成記帳單位會有價值表達的問題，原因在於虛擬貨幣的價值不能維持一定，也容易圍於某些地點之內。在遊戲經濟裡的虛擬貨幣，譬如管理水龍頭與水槽的問題，理論上的觀點聚焦於衡穩地管制貨幣流入與流出的速度。其次，讓貨幣的價值維持穩定是一件繁瑣而必須的工作，必須不斷地更新，讓貨幣的數量與經濟活動的水準搭配無間。另外，偽造遊戲貨幣的所有權，要比偽造銀行帳戶裡流通貨幣的所有權容易。

　　央行總裁楊金龍 2018 年 10 月 22 日在立法院第 9 屆第 6 會期財政委員會之央行報告「虛擬通貨發展現況及主要國家監管措施」中指出，虛擬貨幣計有六項缺失：1. 耗時且不具清算最終性之作業缺失，交易被否認的風險；2. 耗電量高不環保；3. 易遭不法使用；4. 交易平台易受駭或遭詐騙，損失不易求償；5. 易受人為操控、價格波動大；6. 虛擬通貨種類過多且優劣難辨，削弱投資人信心。

　　虛擬通貨所涉議題，主要包括：消費者保護、納入洗錢防制與打擊資助恐怖主義監管，以及如何課稅等議題。從中央銀行與金管會的立場來看，高雄幣是「數位貨幣」，如果基於區塊鏈技術來發行，就是鏈圈所謂的「功能性代幣」。如果不上鏈，例如：東森幣與 LINE Points，則被認為是紅利點數[12]（楊方儒，2019）。

---

12 參照楊方儒，2019 年 1 月 9 日，〈高雄幣的想像空間〉，旺報，取自：https://www.chinatimes.com/newspapers/20190109000241-260310?chdtv，最近瀏覽日期：2019 年 5 月 6 日。

第二節　社區貨幣的稅務與會計

　　隨著資訊科技的進展、行動支付的成熟，越來越多的社區貨幣已經不再限定於特定的社區或自治團體，社區貨幣不僅跨越社區聚落，漸漸地發展成社區貨幣（Local Currency）[13]，其形式也從實體紙本進展到應用網路、區塊鏈（Blockchain）等技術予以電子化[14]或虛擬化。然而，在導入和運營之前，對發行和使用雙方都需要認清財稅基本課題。包括貨幣發行、流通、保管和結算等有關構面。

　　國內目前所推出的社區貨幣中，從早期新店花園新城社區的「花幣」[15]，到 2018 年接連推出的台東金幣、蘭嶼達悟幣、高雄幣、嘉義幣、南投竹山光幣以及湧蓮寺招財錢母，漸漸形成潮流。「高雄幣」推出之際，吸引來自各方之關注與熱議，為數位經濟創新在地消費和在地發展，以及金融科技創新引起話題。此外，近期所發行的社區貨幣都採用電子式，支付時未使用現金，而以 QR Code（矩陣式二維條碼）、App 或智慧型手機為媒介進行支付，與現行百貨禮券、紅利積點[16]多有相異之處。結合高雄三大夜市商圈推出虛擬「高雄幣」，又稱為「幣多多（BiDuoduo）」，然而金融主管機關[17]認為，高雄幣僅僅類似紅利積點的概念，不是貨幣。鑑於多數國家似乎並未針對此類社區貨幣訂定標準課稅規範，是否意謂「不應該對社區貨

---

13 國內已發行之例如：台東金幣、高雄幣、嘉義幣。台東金幣適用於台東縣市；高雄幣適用於高雄三大夜市；嘉義幣主要包括民雄的鳳梨、太保的小番茄等農產品。

14 國內所推出的社區貨幣中，除了「花幣」以外，其餘都採用電子化數位發行。高雄幣與台東金幣同樣採行點數機制；達悟幣運用 2-way peg（2WP）技術，可在公有鏈與側鏈上「雙向轉換」。

15 參見吳欣穎、余庭歡，2011 年 12 月 3 日，【公民寫手】「互助」的貨幣 花園新城從付出開始，取自：https://www.newsmarket.com.tw/blog/2460/，最近瀏覽日期：2019 年 9 月 2 日。

16 參見郭幸宜，2019 年 1 月 22 日，〈高雄幣算貨幣？顧立雄：僅類似紅利積點〉，鉅亨網，取自：https://news.cnyes.com/news/id/4272123，最近瀏覽日期：2019 年 5 月 5 日。

17 參見黃敬哲，2019 年 1 月 23 日，〈高雄幣僅是紅利積點，到底真正的地區性貨幣是什麼？〉，取自：https://finance.technews.tw/2019/01/23/what-is-the-real-regional-currency/，最近瀏覽日期：2019 年 5 月 5 日。

幣之交易課稅？」若要交易課稅，如何兼顧稽徵成本、公平性？

在型態上，紙本的社區貨幣和電子社區貨幣有何差異？高雄幣為數位性質並非具有實體，屬於電子社區貨幣（Electronic Local Currency）之一，其記帳方式是否有別於既有貨幣之性質或規範？有關社區貨幣的價值如何估算？就目前可觀察之文獻，相關評價實證資料甚少。具體的說明見於和歌山社會經濟研究所（2002）於「以地區貨幣重建社區」報告。該經濟研究所指出地區貨幣評估方法，有必要考慮有形和無形的影響因素。有形因素如：從地區貨幣的發行數量與實際使用數量之關聯、城市景觀改變情形（到處是垃圾或是鮮花、銷售額增加情形）。無形因素，如：自我和他人的潛力發展、提高對城鎮的歸屬感、交流增加情形。由於社區貨幣參與者多為社區居民，在經營運作上或是由社區會員自主運作，或是由非營利法人（Non-Profit Organization, NPO）組織之會員共同營運，所以除了熱忱的會員，更需要社區居民大力參與。

其次，為了可持續地運行，相關運營成本、費用的資金來源，也需要規劃周全。此外，社區組織之協調人員在協助交易、記帳、結算處理的過程上，也扮演重要角色。有關隱私保護的問題，在實質提供服務之際，需要里鄰居民之間先有互信，才能發揮互助。但在強調個人隱私的居住環境中，人與人之間的距離，反而構築在網路社群趨勢之下，使得里仁為美、守望相助、社會和諧之境界恰與個人自由、隱私保護形成對比。因此，社區組織在規劃時需要顧及會員隱私保護才能取得會員的信任。

一、相關稅務探討

對於社區貨幣共同疑問是：「對社區貨幣之交易應該課稅嗎？」主張不課稅者多數理由係基於稽徵成本。對於社區貨幣課稅是否符合成本效益？對社區貨幣之交易徵稅，是否應設定稅額低標，或是交易量低標？社區貨幣就發行種類、數量而言，雖不在少數，其中成功之例卻是稀有，究其原因，主要是法律地位不明確和稅制上涉及交易或服務課稅等問題。

(一) 社區貨幣有關稽徵成本之探討

納村哲二（2016）指出若准許以社區貨幣繳稅，可以增進社區貨幣的流通量和發行量，但另一方面，社區貨幣藉由時間銀行、服務交換的方式，作為振興區域經濟和營造社區福祉為宗旨，其所存積的勞務資源（如社區環境清潔、幼兒接送、家教、友鄰照護），若與地方政府提供一般公共行政管理服務的預算[18]重疊，這樣一來，在效率上並沒有節省政府提供公共行政服務的稅金負擔。

另一方面，主張課稅者認為，社區貨幣若目的係在於促進該地區之經濟發展及刺激消費，在社區貨幣之效用被發揮的情況下，將使該地區之消費提高，對其課稅能提高當地稅收，進而為該地區帶來公共利益、幫助地方公共建設。再者，依據租稅公平原則，即憲法平等原則在租稅領域之體現，於立法論上係要求量能課稅，納稅義務人應按其實質稅負能力，負擔應負之稅捐，故完全免除對其交易課稅的做法也似乎是不切實際的。

另外，在探討社區貨幣之稅收監管時，也引起另一個「應以何種貨幣繳稅」之探討，「若要課稅，應以區域貨幣還是法償貨幣繳稅？」由於區域貨幣由私人所發行並掌控，基於國家或地方政府之角度，通常並不接受以區域貨幣繳納稅款，只接受法償貨幣，但此舉可能會因此抵消區域貨幣所要創造之效應，如希望當地透過社區貨幣刺激消費及促進經濟，可能因社區貨幣之功用被限縮，而降低使用者之接受程度，進而造成流通量低的情況下，便無法帶動當地經濟，也可能使社區貨幣漸漸沒落。因此，地方政府之支持與社區貨幣若能相輔相成，或許更能讓社區貨幣之效用被全部發揮。

(二) 社區貨幣有關課徵主體之探討

就國外課稅之規定而言，主要之劃分點在於此社區貨幣之交易背後是否牽涉到商業及價值評估，如有牽涉到，一般而言則屬課稅範圍。而依據租稅法律主義，我國憲法第 19 條規定，人民有依法納稅之義務，但若欲對其課

---

[18] 指地方政府經由稅收而來的分配款或統籌款，而用於支付公園清掃、環境衛生、里鄰減災服務與宣導、慶典活動、觀光宣導及其他有關文化事項等。

稅，應清楚規定納稅之義務人、稅率、稅目等等，以確定人民的納稅義務，並保障民眾的權益。各國對於區域貨幣之法律規定不同，大多皆未禁止私人發行補充貨幣，但沒有針對「社區貨幣」本身有一套專屬的法律規範，對於補充貨幣之課稅監管也較為模糊，多數是針對個別區域貨幣規定，部分以區域貨幣之性質來規定，如以物易物、服務信用等分別訂立相關課稅規範，也有許多社區貨幣是無稅務規範可遵循。

就經營主體而言，一般所謂行號組織泛指依循商業登記法，以獨資或合夥方式經營的營利事業，常見名稱如：企業社、實業社、商行、工作室、個人工作室等，包含網商或固定營業場所攤商。依據商業登記法第 5 條[19] 規定，攤販為小規模商業，得免依本法申請登記。也就是說，設立於夜市商圈之攤販，得免申請登記。其次，辦理營業登記之小規模營業人，若每月銷售額高於營業稅起徵點，亦即平均每月銷售額高於新台幣 20 萬元，則應繳納營業稅，開立統一發票。

另一方面，知名的人氣夜市攤販是否要開立統一發票？依照財政部 2000 年 5 月 3 日台財稅第 0890452799 號函規定，供應大眾化消費之豆漿店、冰果店、甜食館、麵食館、自助餐、排骨飯、便當及餐盒，即使其銷售額達到 20 萬元，可以免用統一發票。再依照財政部 2012 年修正發布「稽徵機關核定營業性質特殊營業人使用統一發票作業要點」第 4 點規定，主管稽徵機關仍得視其營業性質[20] 及營業規模，具有使用發票能力，核定其使用或

---

19 商業登記法第 5 條：下列各款小規模商業，得免依本法申請登記：
　- 攤販。
　- 家庭農、林、漁、牧業者。
　- 家庭手工業者。
　- 民宿經營者。
　- 每月銷售額未達營業稅起徵點者。
　- 個人利用自用住宅從事理髮、燙髮、美容、洋裁等家庭手工藝副業。
　- 拳藝之傳授、指壓、刮痧、腳底按摩、收驚、神符、香灰、拔罐、氣功、內功等對人體疾病所為之處置行為者。

20 「稽徵機關核定營業性質特殊營業人使用統一發票作業要點」第 4 點規定，若店家有下列 5 項現象，仍應開立統一發票。
　- 以連鎖或加盟方式經營。
　- 以電子系統設備管理座位、提供取餐單或號碼牌方式經營。

免用統一發票。簡而言之，夜市商圈之攤販，得免申請登記為小規模營業人，免用統一發票。若是知名的人氣夜市攤販，才有需要主管稽徵機關核定其使用或免用統一發票。引進高雄幣對既有夜市商圈之營業人之營業組織未有影響。

(三) 高雄幣稅務設算案例

由於高雄幣係為數位化電子社區貨幣，消費者以手機下載「幣多多」App 後，就可於高雄三大商圈以高雄幣進行消費折抵，並獲得 1% 到 10% 回饋金。一般營業人依當期銷項稅額扣減進項稅額後之餘額，為當期應納或溢付營業稅額。對於需要開立統一發票之店家，如何將高雄幣的回饋金扣減銷項稅額？

舉例而言，假設在高雄六合夜市中，甲消費者先以高雄幣消費檸檬愛玉冰 100 元，假設回饋金比率為 5%，因此獲得 5 點（亦即約當新台幣 5 元）回饋金，接著到便利商店購物 100 元，因可扣減 5 元「高雄幣」，所以只要另外支付 95 元。在此假設情形下，甲消費者從「高雄幣」獲得 5 元回饋金，得利部分來自支出的減少，計有 5 元；對檸檬愛玉冰攤商而言，該筆交易的營業額為 100 元，但因是攤販，可免登記為小規模商業，也免用統一發票。對便利商店而言，該筆交易的營業額為 100 元並開出金額為 100 元的統一發票，其中 95 元收現、5 元則列記應收帳款，待「高雄幣」定期結算時即可收現結清。

接續上述交易之例，又假設甲消費者第二個消費地點不是在便利商店，而是在六合張排骨酥湯店家，消費額也是 100 元，假設攤商的回饋金比率為 8%。此時，甲消費者從「高雄幣」共獲得 13 元回饋金，先以 5 元「高雄幣」扣減排骨酥湯的消費，餘額 8 元「高雄幣」可於下次消費時再扣減，已實現得利計有 5 元；六合張排骨酥湯若登記為店家，即使登記為小規模商業，如果符合財政部 2000 年 5 月 3 日台財稅第 0890452799 號函規定，可以

- 透過網路銷售。
- 以電子方式或收銀機開立收據、處理或管控帳務。
- 依其營業狀況、商譽、季節性及其他情形，銷售額倍增，足以認定有使用統一發票能力。

免用統一發票；若未符合，但若其平均每月銷售額未達新台幣 20 萬元，仍然免用統一發票。此外，店家有二筆帳務處理，其一是交易開始時，銷售排骨酥湯收到 5 元「高雄幣」抵用，記錄營業收入 100 元，其中 95 元收現、5 元列記應收帳款。

　　小規模營業人之營業稅起徵點，依行業種類分為 8 萬元及 4 萬元二種[21]。如果查定銷售額未達營業稅起徵點標準時，毋需繳納營業稅。依國稅局規定，一般企業稅額計算係依「當期銷項稅額，扣減進項稅額後之餘額為當期應納或溢付營業稅額」，適用稅率 5%。為明確報繳，企業需要確認和維護進項稅額、銷項稅額等記錄。但是對於小規模營業人而言，適用稅率 1%，原則上係依查定銷售額按規定稅率計算，並非從銷項稅額扣減進項稅額之餘額推定，減輕小規模營業人帳簿處理負擔。

　　另一方面，若將上例 5 元「高雄幣」視為現金禮券或商品禮券，則有不同的處理方式。依統一發票使用辦法第 14 條規定，營業人發行禮券，若認定為商品禮券，禮券上已載明憑券兌付一定數量之貨物者，應於出售禮券時開立統一發票；若認定為現金禮券，禮券上僅載明金額，由持有人按禮券上所載金額，憑以兌購貨物時，應於兌付貨物時開立統一發票；另外，現金禮券係訂明與其他特定之營業人約定憑券兌換貨物者，則由承兌之營業人於兌付貨物時開立統一發票[22]。

---

21 參考台財稅字第09504553860號，小規模營業人營業稅起徵點：
　一、買賣業、製造業、手工業、新聞業、出版業、農林業、畜牧業、水產業、礦冶業、包作業、印刷業、公用事業、娛樂業、運輸業、照相業及一般飲食業等業別之起徵點為每月銷售額新台幣八萬元。
　二、裝潢業、廣告業、修理業、加工業、旅宿業、理髮業、沐浴業、勞務承攬業、倉庫業、租賃業、代辦業、行紀業、技術及設計業及公證業等業別之起徵點為每月銷售額新台幣四萬元。
22 參考統一發票使用辦法第十四條：營業人發行禮券者，應依左列規定開立統一發票。
　一、商品禮券：禮券上已載明憑券兌付一定數量之貨物者，應於出售禮券時開立統一發票。
　二、現金禮券：禮券上僅載明金額，由持有人按禮券上所載金額，憑以兌購貨物者，應於兌付貨物時開立統一發票。
　前項第二款現金禮券，訂明與其他特定之營業人約定憑券兌換貨物者，由承兌之營業人於兌付貨物時開立統一發票。

二、國外社區貨幣課稅監管規範

(一) 美國

　　美國國稅局（Internal Revenue Service, IRS）對於補充貨幣，基本係以應課稅為原則，有關社區貨幣之課稅規定，若為特定區域（如社區）會員之間以物易物之交易，所產生之收入應列為應稅收入，需就其繳納所得稅、營業稅或其他相關稅額。同時，基於成本效益及其他因素，設定免予申報交易：(1) 交易金額（價值）低於 1 美元，(2) 與特定受免租稅優惠之國外人士交易，(3) 每年交易次數少於 100 筆。另外，在非商業基礎上提供非正式的服務交換，則不屬於課稅範圍。例如：時間銀行（Time Banks），被認定為「非商業基礎」，即為交易雙方純粹以提供一小時的服務交換一小時的其他服務。

(二) 英國

　　英國國稅局認為課稅與否係依以物易物之性質、實際狀況決定，基本上其交易應課徵營業稅，即使非為課稅範圍之以物易物交易，納稅人仍應於企業帳上分別列示該交易，並於申報納稅時清楚表明。個人如係單純以服務交換服務，並非透過商業或貿易方式提供，其規範同美國，不對其課徵營業稅。

(三) 澳洲

　　澳洲稅務局對以物易物之交易處理，認為當成員提供應稅銷售之商品或服務時，會產生商品服務稅（Goods And Services Tax, GST）之納稅義務，亦即消費稅，一般而言，應以澳幣為支付稅款之基礎，然若交易所由其所訂之交易媒介，如信貸額、自行發行之貨幣等支付，則將兌換比例定為 1：1。

(四) 日本

　　日本通常於商品和服務交易時徵收消費稅。對社區貨幣之交易，原則上根據企業對社區貨幣的接受比率而定納稅額。然而，為減輕中小企業稅務負

擔，符合免稅業者（年營業額不超過 3,000 萬日圓）和簡易報稅業者（年營業額不超過 2 億日圓），以及小規模商店與個人之間的交易，皆不課稅。另外，在所得稅部分，如果收受社區貨幣的公司支付給僱員或兼職人員之薪資，視為個人收入應予徵稅。但是，一次性的收入在 50 萬日圓以下，則免稅。

三、相關會計及資訊流程探討

社區貨幣的發行類型若為「簿記（帳戶）式」，可以參考商業會計法第 22 條有關明細分類帳簿之規定，設立並記載各統馭會計項目之明細項目，完成提供交易或事項比較詳細、具體的核算資料。再依商業會計法第 26 條「商業會計帳簿所記載之人名帳戶，應載明其人之真實姓名，並應在分戶帳內註明其住所，如為共有人之帳戶，應載明代表人之真實姓名及住所。」然而，在實務上做法，顧及成員隱私，在記錄上通常免去相關成員之真實姓名及住所，另以會員編號替代之。也就是說，現行某項目明細類帳簿格式，主要用來檢視該項明細科目的借貸金額及統計資料。帳頁設計至少應包含日期、借方、貸方和餘額四個欄位。

表 7-1　帳戶式社區貨幣之示意範例 1

| 年 | | 會員編號 | 服務項目 | 地區幣帳戶 | | 地區幣餘額 | 註記簽章 |
月	日			提供服務（借方）	換取服務（貸方）		
				+	-		
				+	-		
				+	-		
				+	-		

另外，如採用收支表格式，類似零用金收支表內容，以呈現個人交易的

主要內容。在表頭部分可以顯示基本資料、前期餘額，表身部分再顯示該期間異動明細。

表 7-2 帳戶式社區貨幣之示意範例 2

地區幣收支表							
姓名			編號	前期餘額		$	
序號	日期	編號	說明	存入金額	支出金額	餘額	簽章
				+	-		
				+	-		
				+	-		
				+	-		

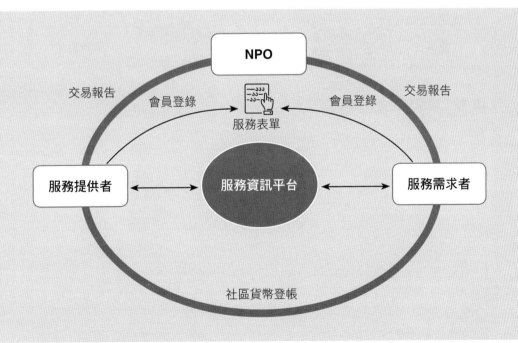

圖 7-1 帳戶式社區貨幣之基本架構

　　另外，資料流程圖顯示高雄幣系統中的內容、資料作了哪些處理、資料儲存所，以及資料的來向及去向。

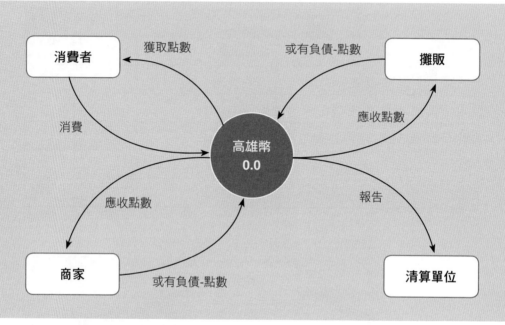

圖 7-2　社區貨幣背景流程圖

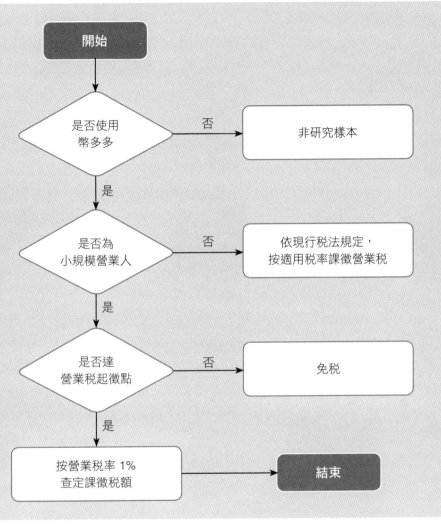

圖 7-3　社區貨幣課稅流程圖

　　高雄幣之使用商圈主要分布於光華夜市、南華夜市、六合夜市及幸福高雄商圈，就蒐集交易資料而言，參與高雄幣之商家家數共 182 家，其中六合夜市 114 家、光華夜市 41 家、幸福高雄 4 家以及南華夜市 23 家；各商圈屬於獨資及合夥之企業占 90% 以上，僅少數為公司組織，開立統一發票之商家屬於少數，多數為小規模營業人，適用查定課徵營業稅或免徵營業稅者。

專有名詞

字母	中文	英文
A	帳戶型	Account based
	防止洗錢	Anti-Money Laundering, AML
	人工智慧	Artificial Intelligence, AI
	一般金融卡	ATM Card
	自動編碼器	Autoencoder
	自動提款機	Automated Teller Machine, ATM
B	國際清算銀行	Bank for International Settlements, BIS
	英格蘭銀行	Bank of England, BoE
	日本央行	Bank of Japan, BoJ
	大型科技企業	BigTechs
	比特幣	Bitcoin, BTC
	區塊鏈	Blockchain
	布里斯托鎊	Bristol Pound
	布里克斯頓鎊	Brixton Pound
	廣義的貨幣	Broad Money
C	碳足跡	Carbon Footprint
	現金卡	Cash Advance Card
	無現金社會	Cashless Society
	央行數位貨幣	Central Bank Digital Currency, CBDC
	中央銀行貨幣	Central Bank Money
	中心化	Centralized or non-distributed ledger
	嘉義幣	Chiayi Coin
	基姆湖畔的社區貨幣	Chiemgauer
	分散式儲存 CLN	CLN (Colu Local Network)
	粗分組	Coarse Classing

字母	中文	英文
C	商業銀行貨幣	Commercial Bank Money
	商品貨幣	Commodity Money
	社區資金	Community Money
	社區再投資法案	Community Reinvestment Act, CRA
	補充性貨幣	Complementary Currency
	合作驗證的節點	Cooperation Validation Node, CVN
	打擊資助恐怖主義	Counter Financing of Terrorism, CFT
	信用卡	Credit Card
	加密藝術	CryptoArt
	文化採礦	Culture Mining
	顧客對顧客	Customer to Customer, C2C
D	簽帳金融卡	Debit Card
	去中心化電腦程式	Decentralized applications, Dapp
	去中心化自主社群	Decentralized Autonomous Society, DAS
	去中心化	Decentralized or distributed ledger
	深度學習	Deep Learning
	違約	Default
	通貨緊縮	Deflation
	款券同步交割	Delivery versus Payment, DvP
	天秤幣	Diem (formerly Libra)
	數位貨幣	Digital Currency
	數位人民幣／數字人民幣	Digital Currency/Electronic Payment, DC/EP
	數位歐元	Digital Euro
	數位項目	Digital Item
	數位獨占	Digital Monopolies
	數位化社會	Digital Society
	現金流量折現法	Discounted Cash Flow, DCF

字母	中文	英文
D	分散式帳本技術	Distributed Ledger Technology, DLT
	實地考查	Due Diligence
E	公益貨幣	Ecomoney
	電子社區貨幣	Electronic Local Currency
	電子貨幣	Electronic Money, E-Money
	電子支付	Electronic Payment
	電子票證	Electronic Stored Value Cards
	以太坊	Ethereum, ETH
	電子錢包	E-Wallet
F	聯準會	Federal Reserve Board, Fed
	法幣	Fiat Currency
	普惠金融	Financial Inclusion
	細分組	Fine Classing
	金融科技業者	FinTechs
	自由貿易	Free Trade
	自由貿易協定	Free Trade Agreement, FTA
	幣齡減值	Freigeld (free money)
G	通用型 CBDC	General Purpose CBDC
	全球儲備通貨	Global Reserve Currency
	國內生產毛額	Gross Domestic Product, GDP
I	首次代幣發行	Initial Coin Offering, ICO
	國際貨幣基金	International Monetary Fund, IMF
	綺色佳小時券	Ithaca Hours
K	高雄幣	Kaohsiung Coin
L	隱因子模型	Latent Factor Model
	漏損	Leakage
	法定貨幣	Legal Tender

字母	中文	英文
L	天秤幣	Libra
	有限法償	Limited Legal Tender
	社區貨幣	Local Currency
	地方交易體系	Local Exchange Systems
M	機器學習	Machine Learning
	購物籃分析	Market Basket Analysis
	市價	Market Price
	默克爾樹	Merkle Tree
	金屬貨幣	Metallic Currency
	梅特卡夫定律	Metcalfe's Law
	社會貨幣	Moneda Sociale
	平行貨幣	Monnaies Parallèles
	互助信用制度	Mutual Credit
N	狹義的貨幣	Narrow Money
	近距離無線通訊	Near-Field Communication, NFC
	網路效應資本	Network Capital
	節點	Node
	非同質化代幣	Non-Fungible Token, NFT
	非營利法人	Non-Profit Organization, NPO
	Novi 錢包	Novi (formerly Calibra)
O	開放銀行	Open Banking
P	先付	Pay Before
	現付	Pay Now
	後付	Pay After
	點對點	Peer to Peer, P2P
	中國人民銀行	People Bank of China, PBoC
	塑膠貨幣	Plastic Money

字母	中文	英文
P	合作證明	POC Cooperation
	沉澱	Precipitation
	先驗法	Prior Approach
	持有量證明（又稱權益證明）	Proof of Stake, POS
	工作量證明	Proof of Work, POW
Q	量化寬鬆	Quantitative Easing, QE
	貨幣數量學說	Quantity Theory of Money
	矩陣式二維條碼	Quick Response Code, QR-Code
R	R3 區塊鏈聯盟	R3 Blockchain Alliance, R3CEV/R3
	無線射頻辨識	Radio Frequency IDentification, RFID
	監理套利	Regulatory Arbitrage
	關聯度	Relationship
	尋租行為	Rent-Seeking
	零售型 CBDC	Retail CBDC
S	矩陣分解	Singular Value Decomposition, SVD
	智能合約	Smart Contract
	穩定幣	Stablecoins
	標準作業流程	Standard Operating Procedure, SOP
	儲值卡	Stored Value Card
	監理科技	Supervisory Technology, SupTech
	合成型霸權通貨	Synthetic Hegemonic Currency, SHC
T	台東金幣	Taitung Coin, TT Coin
	達悟幣	TAO Coins
	芋頭幣	Taro Coin
	新政	The New Deal
	歐盟第二號支付服務指令	The Second Payment Services Directive, PSDII

字母	中文	英文
T	第三方支付	The Third Party Payment
	自由貨幣理論	Theory of Free Money
	代幣（儲值）型	Token based
	代碼化	Tokenization
	托特尼斯鎊	Totnes Pound
	貿易壁壘	Trade Barrier
	抵換	Trade-Off
	週轉率	Turnover Rate
U	無限法償	Unlimited Legal Tender
V	評價	Valuation
	虛擬貨幣	Virtual Currency
W	愛爾福特的社區貨幣	Wära
	網路爬蟲	Web Crawler
	批發型 CBDC	Wholesale CBDC
	巴塞爾的社區貨幣	WIR Currency
	沃格爾的社區貨幣	Wörgl

國家圖書館出版品預行編目資料

數位貨幣：從傳統到創新,從國際到臺灣／沈
中華, 王儷容, 沈大白, 劉湘國, 柯瓊鳳, 蕭惠元,
李儀坤, 蘇哲緯著.－－初版. －－臺北市：五
南圖書出版股份有限公司, 2021.09
　　面；　公分 －－
　ISBN 978-986-522-936-8 (平裝)
　1.電子貨幣 2.電子商務
　563.146　　　　　　　　　　110010759

1N2C

數位貨幣：從傳統到創新，從國際到臺灣

作　　　者 ― 沈中華、王儷容、沈大白、劉湘國、
　　　　　　　柯瓊鳳、蕭惠元、李儀坤、蘇哲緯

文 字 編 輯 ― 簡綺瑩、敬文瑋

責 任 編 輯 ― 唐　筠

文 字 校 對 ― 許馨尹、黃志誠

封 面 設 計 ― 王麗娟

內 文 排 版 ― 張淑貞

發　行　人 ― 楊榮川

總　經　理 ― 楊士清

總　編　輯 ― 楊秀麗

副 總 編 輯 ― 張毓芬

出　版　者 ― 五南圖書出版股份有限公司

地　　　址：106臺北市大安區和平東路二段339號4樓

電　　　話：(02)2705-5066　　傳　　真：(02)2706-6100

網　　　址：https://www.wunan.com.tw

電 子 郵 件：wunan@wunan.com.tw

劃 撥 帳 號：01068953

戶　　　名：五南圖書出版股份有限公司

法 律 顧 問　林勝安律師事務所　林勝安律師

出 版 日 期　2021年9月初版一刷

定　　　價　新臺幣460元

經典永恆・名著常在

五十週年的獻禮 —— 經典名著文庫

五南，五十年了，半個世紀，人生旅程的一大半，走過來了。

思索著，邁向百年的未來歷程，能為知識界、文化學術界作些什麼？

在速食文化的生態下，有什麼值得讓人雋永品味的？

歷代經典・當今名著，經過時間的洗禮，千錘百鍊，流傳至今，光芒耀人；

不僅使我們能領悟前人的智慧，同時也增深加廣我們思考的深度與視野。

我們決心投入巨資，有計畫的系統梳選，成立「經典名著文庫」，

希望收入古今中外思想性的、充滿睿智與獨見的經典、名著。

這是一項理想性的、永續性的巨大出版工程。

不在意讀者的眾寡，只考慮它的學術價值，力求完整展現先哲思想的軌跡；

為知識界開啟一片智慧之窗，營造一座百花綻放的世界文明公園，

任君遨遊、取菁吸蜜、嘉惠學子！